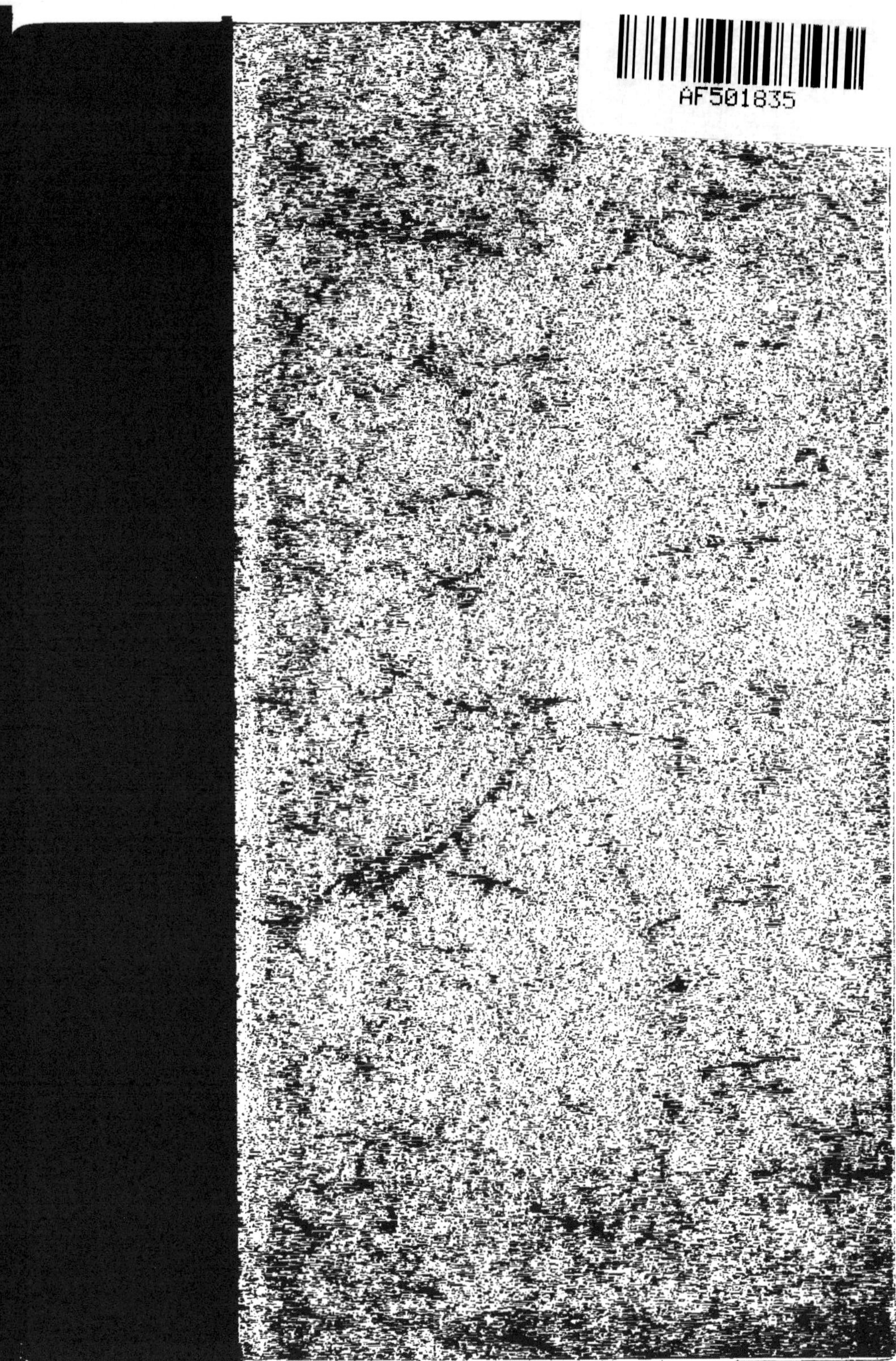
AF501835

(Conserver la couverture)

# JOURNAL ILLUSTRÉ
DE LA
# Campagne de Russie

149

Par un Témoin oculaire.

INTRODUCTION
PAR
ARMAND DAYOT

ERNEST FLAMMARION, ÉDITEUR, 26, RUE RACINE, PARIS.

# CAMPAGNE DE RUSSIE

# 1812

## OUVRAGES DE M. ARMAND DAYOT

**TABLEAUX ET STATUES** (Jean Mériem). 1 vol. in-18. . . . . . . . . . . . . 3 50
**CROQUIS DE VOYAGE** (Italie, Espagne, Portugal) (*épuisé*). 1 vol. in-8° raisin. 7 50
**LE SALON DE 1884.** 1 vol. in-8° colombier. . . . . . . . . . . . . . . . . . . . 60 »
**LES MÉDAILLÉS DU SALON DE 1886** (*épuisé*). 1 vol. grand in-4°. . . . . . 60 »
**LES MAITRES DE LA CARICATURE FRANÇAISE AU XIX<sup>e</sup> SIÈCLE** (*épuisé*). 1 vol. in-8°. . . . . . . . . . . . . . . . . . . . . . . . . . . . . . . . . 6 »
**L'AVENTURE DE BRISCART** (nouvelles). 1 vol. in-18 jésus. . . . . . . . . . 3 50
**LES COURSES DE TAUREAUX EN ESPAGNE** (*épuisé*). 1 vol. in-8° . . . . . 10 »
**UN SIÈCLE D'ART.** 1 vol. in-16 jésus. . . . . . . . . . . . . . . . . . . . . . . . 20 »
**RAFFET ET SON ŒUVRE.** 1 vol. in-8°. . . . . . . . . . . . . . . . . . . . . . . 6 »
**CHARLET ET SON ŒUVRE.** 1 vol. in-8°. . . . . . . . . . . . . . . . . . . . . . 6 »
**LES CAPITALES DU MONDE** (en collaboration) (*épuisé*). . . . . . . . . . . . 25 »
**LE SALON DE 1890** (*épuisé*). 1 vol. in-8° colombier. . . . . . . . . . . . . . 60 »
**LE SALON DE 1891.** 1 vol. in-8° colombier. . . . . . . . . . . . . . . . . . . . 6 »
**LE SALON DE 1892.** 1 vol. in-8° colombier. . . . . . . . . . . . . . . . . . . . 6 »
**NAPOLÉON RACONTÉ PAR L'IMAGE** (*épuisé*). 1 vol. in-8° . . . . . . . . . . . 25 »
(Ouvrage couronné par l'Académie française).

*Pour paraître prochainement :*

**LA FIGURE DE LA FEMME,** depuis l'antiquité jusqu'à nos jours.
**LA RÉVOLUTION FRANÇAISE.**
**LE LIVRE DE LA VIERGE.**

PARIS. — IMP. E. FLAMMARION, RUE RACINE, 26.

Napoléon Ier (1812)
Par David.
(D'après la gravure de Laugier).

G. DE FABER DU FAUR

# CAMPAGNE DE RUSSIE



# 1812

D'APRÈS

## LE JOURNAL ILLUSTRÉ D'UN TÉMOIN OCULAIRE

AVEC INTRODUCTION

PAR

ARMAND DAYOT



PARIS
ERNEST FLAMMARION, EDITEUR
26, RUE RACINE, PRÈS L'ODÉON

# FEUILLES

*Extraites de mes cartons, esquissées sur les lieux pendant la Campagne de Russie de 1812*

PAR

C.-G. DE FABER DU FAUR

*Et accompagnées d'un texte explicatif*

PAR

F. DE KAUSLER

*Dédiées à*

S. M. LE ROI GUILLAUME DE WURTEMBERG

a.

L'auteur de ces feuilles a fait la campagne de Russie de 1812 en qualité d'officier d'artillerie dans la 25e division (Wurtembergeois), faisant partie du 3e corps d'armée. Témoin oculaire des chances variées de cette guerre, il a fait ses esquisses sur les lieux, et, cédant plus tard à des instances multipliées, il en a commencé en 1827 le dessin, qu'il a terminé en 1830.

Rendre fidèlement dans une série de peintures naturelles les diverses scènes des situations où s'est trouvée la Grande Armée depuis le commencement de cette campagne à jamais mémorable, faire repasser encore une fois sous les yeux des contemporains le sinistre tableau de cette guerre, où une armée supérieure à tout ce que l'histoire nous présente dans ses fastes, une armée chargée de vingt ans de victoires et des plus brillants faits d'armes, succomba, vaincue par les frimas du Nord, dans une lutte ineffable contre des obstacles inouïs et des privations de tout genre : tel est le motif qui a porté l'auteur à publier son ouvrage.

La 25e division avait été incorporée au 3e corps d'armée, commandé par le brave maréchal Ney; elle se trouvait au centre de la Grande Armée, sous les ordres immédiats de Napoléon; elle prit à tous les événements de cette guerre une part considérable et glorieuse, et contribua à procurer à son maréchal, à la bataille de Mojaïsk, le titre de prince de la Moskowa, à son général de division, celui de comte de l'Empire français. Le point de vue qu'offrait la position de cette division, et partant des individus qui la composaient, était donc plus propre qu'aucun autre à donner un tableau complet de toutes les chances et de tous les événements de la plus mémorable de toutes les campagnes.

Ceux qui ont été acteurs dans ce grand drame trouveront dans ces feuilles un souvenir, pour ainsi dire vivant, des jours glorieux et pénibles de l'année 1812; ceux qui ne le connaissent que par des descriptions, y trouveront en quelque sorte le complément de ce qu'ils en ont lu.

Cette collection rappellera aux uns les tableaux de toutes les situations et de tous les événements de cette campagne; en leur montrant les débris du plus grand de tous les naufrages, auquel ils ont eu l'insigne bonheur d'échapper, elle leur retracera et les fatigues qu'ils ont supportées, et la gloire des faits d'armes auxquels ils ont contribué.

Elle placera sous les yeux des autres ce qu'aucune description ne saurait rendre. A l'aide de ces peintures, ils accompagneront l'armée au delà du Niémen; ils en verront les marches et les bivouacs; ils rencontreront sur leur passage les villes de Polozk, de Witebsk, de Smolensk, de Wiazma, de Ghyacz; ils se trouveront sur les champs de bataille d'Ostrowno, de Krasnoï, de Smolensk, de Valoutina-Gora et de Mojaïsk; ils apercevront les foyers de l'incendie de Moscou et les nombreux dômes dorés de ses trois cents églises; ils quitteront Moscou avec l'armée, se dirigeront sur Kalouga, abandonneront cette direction près de Borowsk, pour gagner l'ancienne route qui conduit de Moscou à Smolensk, et, témoins de mille et mille sacrifices en hommes et en matériel, ils arriveront à travers les plaines de neige de la Russie, à Smolensk, à Krasnoï et à la Bérésina; ils traverseront ce fleuve, et, passant par Wilna,

Ponari, etc., ils atteindront enfin au Niémen, près de Kowno. L'auteur du texte explicatif a fait également la campagne de Russie de 1812 en qualité d'officier d'artillerie dans l'armée wurtembergeoise, et parle en témoin oculaire de la plupart des scènes qu'il rapporte.

Louisbourg, en mai 1831.

De FABER du FAUR,
Major dans l'artillerie wurtembergeoise.

De KAUSLER,
Major au corps royal de l'état-major général
wurtembergeois.

# INTRODUCTION

# INTRODUCTION

COSAQUE. D'après Horace Vernet.

Si les textes où l'on peut recueillir de précieux renseignements sur les événements qui signalèrent la campagne de 1812, sur les causes apparentes ou mystérieuses qui provoquèrent cette désastreuse entreprise et sur les résultats qui suivirent l'anéantissement de la Grande Armée... sont aujourd'hui très nombreux, les estampes, les sculptures, les tableaux inspirés par cette lugubre époque sont relativement rares (1). Certes

(1) Signalons ici, dans l'intérêt du lecteur, quelques-uns des principaux écrits où il pourra le mieux se renseigner sur les mémorables événements qui s'écoulèrent du 22 juin 1812 au 26 décembre de la même année, c'est-à-dire depuis la date où la fameuse proclamation de Wilkowiski fut mise à l'ordre du jour, jusqu'à la rentrée à Kœnigsberg des débris de ce qui fut la Grande Armée.

*Relation circonstanciée de la campagne de Russie*, par Eugène Labaume, chef d'escadron.

*Napoléon en* 1812, par le comte Roman Soltyk, général de brigade d'artillerie polonaise, officier supérieur à l'état-major de Napoléon.

Général baron Girod. *Dix ans de mes souvenirs militaires*, de 1805 à 1815.

Baron Berthezène, lieutenant général, *Souvenirs militaires de la République et de l'Empire.*

*Souvenir du capitaine François.*

*Mémoires militaires*, du lieutenant général comte Roguet, colonel en second des grenadiers à pied de la Vieille Garde.

*Mémoires du général J.-D. Freytag.*

il en existe encore un chiffre appréciable, mais si leur ensemble constitue presque toujours une suite trop fantaisiste, on pourrait dire trop adoucie, du sujet, ils sont aussi comme noyés dans la masse, chaque jour augmentée, des images célébrant les triomphes des armées impériales et la grandeur épique de Napoléon.

C'est que, malgré l'indomptable énergie du chef, énergie qui parfois s'exalta jusqu'à la démence, malgré l'héroïsme du soldat, pendant cette terrible épreuve, les figures des héros n'apparaissent pas telles que dans les plaines de la Lombardie, dans les sables d'Égypte, ou sur les champs de bataille d'Austerlitz, d'Iéna, de Wagram..., etc., superbes, rayonnantes, baignées d'une lumière glorieuse.

C'est presque toujours, même pendant la première partie de la campagne, avant le choc sanglant sur les bords de la Mos-

N.-J. Sauvage, *Relations de la campagne de Russie.*

E. Lemoine, *Souvenirs anecdotiques d'un officier de la Grande Armée.*

*Études sur Napoléon*, par le lieutenant-colonel de Baudus, ancien aide de camp des maréchaux Bessières et Soult.

*Mes aventures dans la campagne de Russie*, par B.-T. Duverger.

*Mémoires du baron Séruzier*, colonel d'artillerie légère, mis en ordre et rédigés par son ami M. Le Mière de Corvey.

*Souvenirs d'un militaire pendant quelques années du règne de Napoléon Bonaparte.*

*Mémoires de chirurgie militaire et campagnes du baron D.-J. Larrey.*

*Souvenirs d'un officier de l'Empire*, par le baron Lejeune, maréchal de camp.

*Histoire militaire*, de J.-M. Merme, chevalier de la Légion d'honneur, ex-chasseur à cheval de la Garde.

*Souvenirs militaires*, par A. Thirion.

*Souvenirs anecdotiques d'un officier de la Grande Armée*, par L. Montigny.

*Tableau de la campagne de Moscou en* 1812, par René Bourgeois.

*Souvenirs militaires et intimes* du général vicomte de Pelleport de 1793 à 1853.

*Souvenirs de Abraham Rosselet*, lieutenant-colonel en retraite du service de France.

*Quinze années d'un proscrit*, par le général Guillaume de Vaudoncourt.

*Notice biographique sur le général-major Édouard de Mercx de Corbais*, par Roland Warchot, capitaine au 8e chevau-légers polonais. (A Namur, chez Wermael Legros, 1855 ; 1 vol. in-8°).

*Souvenirs d'un militaire pendant quelques années du règne de Napoléon Bonaparte*, par Drujon de Beaulieu. (Belley et Verpillon, 1831 ; 1 vol. in-18.)

*Mémoires militaires* du lieutenant général comte Roguet (François), colonel en

kowa, la marche inquiète, et comme courbée, à travers le mystère des espaces sans bornes, sous un ciel gris et pesant comme le couvercle d'une tombe. Et ce sera, en effet, bientôt l'immense couvercle de la tombe sans bornes où dormiront éternellement sous leur linceul de neige plus des deux tiers des 700.000 hommes qui composaient la Grande Armée.

Puis, pendant que les débris de Moscou fument encore, c'est le retour vers la frontière polonaise, à travers toutes les horreurs de la guerre. C'est la retraite : *la Retraite de Russie*, ou plutôt la course errante et sans ordre, le défilé lamentable de hordes en haillons, couvertes d'oripeaux bizarres provenant du pillage de Moscou, et qui, sourdes à la voix des chefs, fuient avec des allures de troupeaux affolés devant la lance des Cosaques de Platow.

A quoi bon désormais chercher à travestir l'histoire et à donner le change à l'avenir sur cette sinistre aventure! Assez des relations officielles et des bulletins mensongers! Écoutons

second des grenadiers à pied de la Vieille Garde. (Paris, Dumaine, 1865 ; 4 vol. in-18.)

De Mailly-Nesle : *Mon journal pendant la campagne de Russie*, écrit de mémoire après mon retour à Paris.

*Mémoires anecdotiques sur l'intérieur du palais et sur quelques événements de l'Empire depuis* 1805 *jusqu'au* 1er *mai* 1824, par de Bausset, ancien préfet du palais impérial. (Paris, Beaudoin, 1827 ; 4 vol. in-8°.)

*Souvenirs d'un officier russe, pendant les campagnes de* 1812, 1813 *et* 1814, par Nicolas Boris-Galitzin. (Saint-Pétersbourg, imprimerie française, 1849.)

*Esquisse du pouvoir militaire et politique de la Russie*, par sir Robert-Thomas Wilson.

*Mémoires et souvenirs anecdotiques* du comte Philippe de Ségur.

*Les Cahiers du capitaine Coignet.* (Hachette, éditeur, Paris ; 1 vol. in-8°.)

G. Bertin, *la Campagne de* 1812, d'après des témoins oculaires. 1 vol. in-8°. (E. Flammarion, éditeur.)

... J'arrête ici cette énumération que je pourrais prolonger longtemps encore. Mais ce simple aperçu des principaux ouvrages ayant trait à la campagne de 1812, ouvrages auxquels viennent s'ajouter chaque jour d'inappréciables richesses documentaires, paraissant sous forme de *mémoires*, prouvera éloquemment que pour l'historien, aujourd'hui suffisamment renseigné dans son travail de contrôle des affirmations du *Mémorial*, du *Bulletin de la Grande Armée* et autres papiers officiels... l'heure est enfin venue de relier dans un travail d'ensemble toutes ces notes, si diverses et si précieuses, éparses dans les souvenirs des nombreux témoins de cette mémorable et tragique campagne.

les voix éplorées des acteurs du drame ! Tournons d'une main tremblante les feuillets trempés de larmes où ils ont noté, dans la conscience de leur âme, les détails navrants de cette

ALEXANDRE Ier, EMPEREUR DE RUSSIE.

lugubre odyssée, les phases douloureuses de l'agonie de toute une armée. Et quelle armée ! Une armée de près d'un million d'hommes, qui, conduite par des chefs glorieux, soumis eux-mêmes au plus illustre des capitaines, marchait naïvement confiante au-devant de l'inconnu, au milieu des hymnes de triomphe, chantés dans toutes les langues de l'Europe, et sous l'immense frisson des étendards de toutes couleurs. De sa main souveraine, Napoléon, ce moissonneur de la mort, avait glané cette belle floraison humaine, si longue à s'épanouir, dans les champs de France, d'Allemagne, d'Italie, de Portugal, d'Espagne, de Pologne, d'Autriche... et, dans quelques mois, dans

BARCLAY DE TOLLY (1).

quelques semaines, le vent froid des steppes l'aura pour toujours glacée.

Nous ne saurions trop conseiller à ceux que le claquement

(1) Le prince Michel Barclay de Tolly était ministre de la guerre au début de la campagne de 1812. L'Empereur Alexandre, qui avait une confiance illimitée dans la valeur militaire de son ministre, le remplaça, au poste qu'il occupait, par le prince Gortschakoff et lui donna le commandement en chef des armées russes. Barclay de Tolly, qui, mieux que personne, connaissait la valeur discutable des ressources mises à sa disposition, comprit que le seul moyen de vaincre était de gagner du temps; qu'il fallait avant tout faire traîner la guerre en longueur, et que c'était courir au désordre que de chercher à entrer en lutte immédiate, avec un effectif de 150.000 hommes, contre l'innombrable armée de Napoléon. De là cette tactique de ruses et de temporisation, qui consistait à reculer toujours devant nos troupes pour les attirer dans l'intérieur du pays et les faire périr lentement sous les rigueurs d'un climat meurtrier, tactique qui troublait, inquiétait et fatiguait nos soldats, mais

des drapeaux enthousiasme, que l'odeur de la poudre grise, que le chant des clairons exalte, de lire quelques-uns des écrits signalés au bas de cette page, et entre autres : *La Relation circonstanciée de la campagne de Russie en* 1812, par le chef d'escadron Eugène Labaume. Leur belliqueuse ardeur s'éteindra bien vite pour faire place à un sentiment d'horreur et de pitié, et ils maudiront du fond du cœur la guerre et ceux qui la déchaînent.

Ce livre, d'une sincérité évidente dans sa forme simple et souvent naïve, devrait porter comme épigraphe ces quelques lignes où se manifestent à la fois tout le tragique douloureux du sujet et la conscience du narrateur :

« J'étais réduit, comme tous mes compagnons d'armes, à lutter contre les derniers besoins, transi de froid, tourmenté par la faim, en proie à tous les genres de souffrances, incertain, au lever de chaque soleil si je verrais les derniers rayons du soir, doutant le soir si je verrai un jour nouveau ; tous mes sentiments semblaient s'être concentrés dans le désir de vivre pour conserver la mémoire de ce que je voyais ; animé par cet indicible désir, toutes les nuits, assis devant un mauvais feu, sous une température de vingt à vingt-deux degrés au-dessous de la glace, entouré de morts et de mourants, je retraçais les événements de la journée. Le même couteau qui m'avait servi à dépecer du cheval pour me nourrir, était employé à tailler

qui ne tarda pas à irriter la nation russe, ignorante des instructions secrètes de son général, et humiliée par toutes ses marches en arrière. Bientôt, à la cour même, un parti, dirigé par l'impératrice, se forma contre Barclay de Tolly ; le Czar lui-même fut impuissant à lui résister, et le général en chef fut remplacé par Koutousoff, sous les ordres duquel Barclay de Tolly, qui avait accepté sa disgrâce avec une noble résignation, demanda la faveur de servir. Il commanda la droite de l'armée russe à la Moskowa, et il fut le seul qui parvint à conserver sa position.

Ajoutons que le prince Barclay de Tolly, qui, juste retour des choses d'alors, a aujourd'hui sa statue sur une des places de Saint-Pétersbourg, fut toujours le plus loyal et le plus généreux de nos adversaires, et les troupes qu'il commanda en France, en 1814 et en 1815, se firent remarquer par leur discipline et leur douceur à l'égard des vaincus.

des plumes de corbeau; un peu de poudre à canon, délayée

PLATOW, HETMAN DES COSAQUES (1).

dans le creux de ma main avec de la neige fondue, me tenaient lieu d'encre et d'écritoire. »

(1) Pendant la campagne de 1812, le comte Platow, hetman des cosaques du Don, reçut du Czar, dont il avait su gagner toute la confiance, le commandement général de la cavalerie irrégulière, chargée de harceler la Grande Armée. Il eut sous ses

Lisez aussi cette page que je détache encore du livre terrible du chef d'escadron Labaume, nous sommes en pleine retraite entre Ochmmiana et Wilna.

« ..... La route était couverte de soldats qui n'avaient plus de forme humaine, et que l'ennemi dédaignait de faire prisonniers. Chaque jour ces malheureux nous rendaient témoins de quelques scènes pénibles à raconter. Les uns avaient perdu l'ouïe, d'autres, la parole, et beaucoup, par excès de froid ou de faim, étaient réduits à un état de stupidité frénétique qui leur faisait rôtir des cadavres pour les dévorer, ou qui les poussait jusqu'à se ronger les mains et les bras. Il y en avait de tellement faibles, que, ne pouvant porter du bois ni rouler une pierre, ils s'asseyaient sur les corps morts de leurs frères, et, le visage tout décomposé, regardaient fixement quelques charbons allumés ; bientôt, les charbons venant à s'éteindre, ces spectres livides, ne pouvant plus se relever, tombaient à côté de ceux sur lesquels ils s'étaient assis. On en voyait plusieurs, ayant l'esprit aliéné, qui, pour se réchauffer, venaient avec leurs pieds nus se placer au milieu de nos feux ; les uns avec un rire convulsif, se jetaient à travers les flammes, et périssaient en poussant des cris affreux, et faisant d'horribles contorsions, pendant que d'autres, par une égale démence, les suivaient, et trouvaient la même mort..... »

On comprendra facilement que l'Empereur était peu sou-

ordres jusqu'à trente régiments de cosaques. A vrai dire, malgré ses réelles qualités de général de cavalerie, Platow ne fut jamais heureux lorsque, désireux d'obtenir un éclatant succès, il entreprit de mettre ses troupes en ligne contre les troupes françaises. A Grodno il éprouva une sanglante défaite, et à Krasnoï, l'armée gauche de la Grande Armée, que commandait le prince Eugène, repoussa victorieusement l'attaque de ses 30.000 cavaliers. Il faut reconnaître que, pendant la désastreuse retraite, Platow nous fit beaucoup de mal, alors que les hordes sauvages qu'il dirigeait se bornèrent à attaquer en masses les lamentables débris de la Grande Armée, impuissants à toute résistance sérieuse. Platow prit part également à la campagne de 1813, et en 1814, il conduisit jusqu'à Paris, où il devait trouver près des adversaires de la dynastie napoléonienne, un accueil si particulièrement enthousiaste, ses cavaliers pillards dont il encourageait lui-même tous les excès pour mieux s'assurer leur aveugle obéissance.

cieux de voir ses peintres officiels s'inspirer d'aussi lugubres motifs et transmettre à la postérité, sous une forme artistique et impérissable, le souvenir de chacune des désastreuses étapes de cette funeste campagne. Aussi, je le répète, dans les musées du Louvre et de Versailles, où se développent dans d'immenses cadres des peintures racontant les grands événements de

PASSAGE DU NIÉMEN.
D'après l'aquarelle originale de Th. Yung. (*Collection du ministère de la guerre.*)

l'épopée impériale, peintures signées des noms de Gros, de David, de Gérard, de Guérin, de Steuben, de Girodet, de Couder, de Carle Vernet, de Taunay, d'Horace Vernet, de Philippoteaux, de Bellangé..., etc., on découvre à grand'peine quelques sujets ayant trait à la campagne de Russie. C'est qu'en effet, pendant la marche inquiète sur Moscou et pendant l'affolement de la retraite, les occasions furent très rares où les soldats de Napoléon, malgré leur incontestable valeur, purent battre pleinement leurs adversaires et fournir aux peintres habituels de leurs glorieux exploits des motifs de compositions triomphales. Horace Vernet, mû par un très louable sentiment patriotique, a vainement cherché à donner une allure de victoire à l'affreuse boucherie de la Moskowa, où 30.000 des nôtres demeurèrent sur le champ de bataille, où l'héroïsme extravagant de Murat causa la destruction de la plus grande partie de notre cavalerie, où les intrépides généraux Montbrun et Caulaincourt périrent au pied de la fameuse redoute de Schevarind, centre ardent de la bataille, fournaise dans laquelle fondirent nos meilleurs régiments de cuirassiers, et où nous eûmes en outre six autres généraux tués et trente autres blessés (1).... Tout cela, en définitive, pour aboutir au dégagement d'une route qui devait nous conduire au brasier de Moscou, c'est-à-dire à notre ruine, et pour laisser fuir plus de la moitié de l'armée russe, qui put effectuer paisiblement sa retraite n'abandonnant entre nos mains, pour prix de si grands sacrifices de chefs illustres et d'héroïques soldats, que quinze pièces de canon, en partie démontées.

Puis ce sont quelques compositions épisodiques, la plupart du temps des aquarelles, dues au pinceau, souvent très habile, d'officiers ingénieurs-géographes, et où sont reproduits dans un cadre topographique laborieusement étudié, les faits d'armes les plus glorieux de la campagne : le passage du Niémen, la prise de Vilna, la prise de Smolensk, la charge du 5e cuirassiers

(1) Les généraux français qui périrent à la Moskowa furent : Montbrun, Auguste Caulaincourt, Plausonne, Huard, Compere, Marion, Lanalière, le comte de Lepel.

Citons parmi les généraux blessés : Grouchy, Nansouty, Latour-Maubourg, Friant, Rapp, Compans, Dessaix, Lahoussaye, etc.

Les Russes eurent environ 50.000 hommes hors de combat, et 50 généraux tués ou blessés. Parmi ces derniers, les princes Bagration, Charles de Mecklembourg, Tutschkoff, Rajewski, Gotschakoff, Gregoff, Woronsow, Krapowitski, Boehmutoff, etc.

au pied de la redoute de Borodino, le combat de Krasnoï.....

Il existe aussi un certain nombre de naïves images anonymes de l'époque, et ce ne sont pas les moins curieuses, où Napoléon est représenté entrant dans Moscou le 14 septembre 1812, à la tête d'un brillant état-major, pendant qu'autour de lui les toits

PRINCE BAGRATION (1).

des maisons, les clochers des églises, s'effondrent au milieu des flammes.

On peut le voir encore, dans une de ces estampes, aujourd'hui très rares, et dont nous reproduisons ici deux intéressants spécimens, dirigeant en personne des charges de cavalerie sous les murs de Vilna.

(1) Le prince Pierre Bagration fut un des meilleurs généraux de la Russie. Il avait d'ailleurs appris l'art de la guerre sous les ordres de Souwarow, en Pologne et en Italie. Il prit une part importante aux batailles d'Austerlitz, d'Eylau, de Friedland et de Smolensk.

Il tomba mortellement frappé sur le champ de bataille de la Moskowa, et sa mort jeta le découragement dans les rangs de l'armée russe, où il jouissait d'un très grand prestige.

Mais aucune peinture, aucune estampe, ne nous fait assister à la prise de Malo-Jaroslavetz «..... où l'on ne distinguait plus l'alignement des rues que par les nombreux cadavres dont elles étaient jonchées ; de tous côtés l'on ne voyait que des membres épars et des têtes humaines écrasées par les pièces d'artillerie qu'on avait fait manœuvrer. Les maisons ne for-

PRISE DE VILNA.
D'après une gravure du temps.

maient qu'un monceau de ruines, et sous leurs cendres brûlantes paraissaient des squelettes à demi consumés. Il y eut aussi des malades et des blessés qui, en quittant le combat, furent se réfugier dans ces mêmes maisons ; le petit nombre de ceux qui échappèrent aux flammes se montraient devant nous, ayant la figure noircie, les habits et les cheveux brûlés..... »

Un peintre français, un artiste de génie, Charlet, sourd aux conseils décevants d'un chauvinisme exclusif, eut le rare courage d'exprimer dans une toile superbe, sorte de synthèse lugubre de la guerre, toute l'horreur de cette effroyable lutte (1).

On ne peut, sans éprouver une sorte d'angoisse, contempler

BATAILLE DE LA MOSKOWA.
La charge des cuirassiers de Caulaincourt (7 septembre 1812, trois heures de l'après-midi). D'après l'aquarelle originale de Th. Yung.
*(Collection du ministère de la guerre.)*

cette composition tragique et douloureuse que le grand artiste exécuta avec toute l'émotion de son cœur. Il y a sur la toile entière une misère navrante. Quel lugubre processionnement que ce lamentable défilé des derniers survivants de ce qui fut la Grande Armée, et qui, décharnés, sous leurs longs manteaux,

(1) Cette toile figure actuellement au musée de Lyon.

ressemblent à des spectres dont les silhouettes se détachent vaguement dans un brouillard de mort.

« Une procession d'ombres sous le ciel noir. »

Jamais, croyons-nous, l'horreur de la guerre n'a été plus

BATAILLE DE LA MOSKOWA. D'après le tableau de Nodet.

éloquemment exprimée que dans cette toile magnifique où l'épisode, si recherché par la maigre imagination de nos peintres contemporains, ne peut distraire le regard de l'agonie lugubre de toute une armée. Bien longtemps après avoir vu ce tableau terrible, on est encore obsédé par son souvenir. On ne peut y songer sans se répéter ces vers de Victor Hugo, dignes de servir de légende à cette œuvre admirable :

. . . . . . . . . . . . . . . . . . . .

Il neigeait, l'âpre hiver fondait en avalanche,
Après la plaine blanche, une autre plaine blanche,
On ne connaissait plus les chefs ni le drapeau :
Hier la Grande Armée, et maintenant troupeau.

PRISE DE LA GRANDE REDOUTE A LA BATAILLE DE LA MOSKOWA. — MORT DE CAULAINCOURT.
D'après une aquarelle originale de Bacler d'Albe.

. . . . . . . . . . . . . . . . . . . .

Les grenadiers surpris d'être tremblants
Marchaient pensifs, la neige à leur moustache grise.
Il neigeait, il neigeait toujours. La froide bise
Sifflait sur le verglas, dans des lieux inconnus.
On n'avait pas de pain et l'on allait pieds nus.

. . . . . . . . . . . . . . . . . . . .

Dans les estampes enluminées du moscovite Tepenhaer, grossières parodies de Gillray, et dans les gravures de l'autrichien Klein, certains épisodes de la retraite de Russie ont été également reproduits, mais trop souvent sous une forme excessivement satirique, qui nuit beaucoup à la vérité de l'histoire.

Il existe cependant une composition de Klein, que nous croyons devoir reproduire ici, et qui, dans son dessin sec et aigu, dans son ironie cruelle et presque féroce, nous semble contenir de précieux renseignements. Elle fut sans doute exécutée d'après des notes et peut-être même des croquis rapportés à Vienne et à Munich, par des soldats des contingents bavarois et autrichiens.

La gravure de l'artiste allemand est bien loin d'avoir l'ampleur d'allure et la profondeur philosophique de la toile de Charlet. Ici, il y a évidemment un parti pris caricatural et le tout vaut par le pittoresque lamentable du détail. Mais l'analyse des divers éléments de cette composition est vraiment des plus suggestives.

Voici bien la déroute dans toute son épouvante folle et sinistrement comique. On songe à la fois aux *Bohémiens* de Callot et aux *Horreurs de la guerre*, de Goya, en contemplant cette image burlesque et tragique où l'on voit, au milieu des canons abandonnés sur la neige, au milieu des tas de cadavres et des blessés tordus par le froid, passer groupes par groupes, drapés d'une façon grotesque, dans des haillons, qui furent autrefois des riches tentures et des châles somptueux, des sortes de spectres aux visages convulsés (1).

Mais ce ne sont là que des pièces détachées, développements plus ou moins bien réussis, plus ou moins sincères, de faits particuliers, et dont le maigre ensemble ne pourrait former une

(1) « A chaque pas du Kremlin, ce palais forteresse, on trouvait des grenadiers de la garde en sentinelle. Ils étaient affublés de pelisses moscovites, serrées à la ceinture par des schalls de Kachemyr. Quelques-uns de ces soldats s'étaient affublés de coiffures moscovites au lieu de leurs bonnets à poil... »

(De Mailly-Nesle, *Mon journal pendant la campagne de Russie.*)

série chronologique où, à travers une vision graphique des principaux événements compris entre le 24 juin 1812 et le

LE GÉNÉRAL DE CAULAINCOURT (1).

12 décembre de la même année, le lecteur suivrait, dans la collection ininterrompue des images, les haltes inquiètes de l'invasion et les douloureuses étapes de la déroute.

(1) Le général Auguste de Caulaincourt n'avait que trente-cinq ans lorsqu'il tomba mortellement frappé sur le champ de bataille de la Moskowa. Il avait fait les campagnes du Rhin, d'Italie, d'Espagne, et chacune de ces glorieuses étapes fut marquée par une action d'éclat et une blessure. Napoléon l'avait en très haute estime, et avant de quitter Paris, il l'avait nommé gouverneur de ses pages et comte de l'Empire.

Sur le terrible champ de bataille de la Moskowa, une redoute formidable, centre d'où partaient tous les mouvements ou toutes les combinaisons de l'ennemi, se dressait menaçante, hérissée de canons qui faisaient d'affreux ravages dans nos rangs. Des charges successives de cavalerie étaient venues se briser contre cette montagne de feu, se fondre dans cette fournaise. Le brave général Montbrun y avait trouvé la mort, et c'est là aussi que tomba Auguste de Caulaincourt, à la tête du 5e cuirassiers, qui, cette fois, entra victorieux dans la redoute. Ce sanglant succès décida le gain de la bataille.

Il appartenait à un des soldats de la Grande Armée, à un des acteurs du drame, au capitaine d'artillerie Faber du Faur, qui faisait partie du contingent wurtembergeois, de constituer ce précieux ensemble de documents d'une inappréciable utilité pour l'historien, d'un intérêt puissant pour le lecteur.

ENTRÉE DE L'ARMÉE FRANÇAISE DANS MOSCOU, LE 14 SEPTEMBRE 1812.
D'après une gravure du temps.

Ce travail, il l'a fait avec une conscience rare, avec un ardent amour de la vérité. Sans doute on ne trouve pas dans son œuvre la puissance d'exécution des Raffet et des Charlet, ni la magistrale fantaisie de Goya. Mais, malgré une forme parfois naïve, elle frappe par son accent de sincérité, et la vive attention qu'elle provoque ne tarde pas à se changer en une véritable émotion.

L'auteur des dessins en question fit toute la campagne de Russie, en qualité d'officier d'artillerie dans la 25e division (contingent wurtembergeois).

Cette division qui avait été incorporée au 3e corps d'armée, commandé par le maréchal Ney, se trouvait au centre même de

LES POLITIQUES DE LONDRES APPRENANT LA NOUVELLE DE LA PRISE DE MOSCOU.
« *Nous le tenons.* » D'après une caricature anglaise de l'époque.

la Grande Armée, sous les ordres immédiats de Napoléon. Elle prit à tous les événements de cette guerre terrible une part considérable et glorieuse. C'est assez dire que le capitaine Faber du Faur, qui ne quittait son sabre que pour saisir ses crayons et dessiner, sur les feuillets de son calepin, les principaux incidents de cette mémorable et sinistre aventure, était en excellente situation pour noter au passage les scènes les plus caractéristiques du drame. Et il n'y a pas manqué.

C'est par une sorte de miracle que le soldat-artiste et ses précieux feuillets n'ont pas disparu dans les flots glacés de la Bérésina, et les amoureux de la vérité historique, dans ce qu'elle a de plus absolu, doivent bénir ce sauvetage quasi providentiel, qui leur permet aujourd'hui de passer en revue, non seulement les événements principaux de la campagne de 1812, mais aussi une foule de faits épisodiques d'un intérêt poignant, fixés avec une consciencieuse précision par le crayon du major d'artillerie wurtembergeois Faber du Faur (1).

Sans doute, ce dernier n'attachait qu'une importance secondaire à ses croquis et ne vit tout d'abord en eux qu'une suite de notations graphiques destinées à arrêter la fuite de ses souvenirs personnels.

Il est plus que probable que lorsque de ses doigts tremblants de froid il dessinait « cet étrange Napoléon », près de Pnewa, ou ce bivac de Mikalewka, plein des éclats de rire navrants de la folie, il ne songeait guère que les historiens de l'avenir viendraient demander à ses croquis, les plus précieux et les plus sûrs renseignements. Car ce ne fut qu'après des instances multipliées qu'il autorisa, en 1827, le transport de ses divers dessins sur la pierre lithographique. Et c'est l'ensemble de ces lithographies, toutes accompagnées d'un texte explicatif, dû également à l'un des acteurs et des témoins du drame, le capitaine d'état-major de Kausler (contingent wurtembergeois), qui constitue l'ouvrage

(1) L'auteur de cette introduction, tout dernièrement de passage à Stuttgard, a vainement cherché dans les très riches archives de cette ville des documents biographiques qui lui permissent d'esquisser ici un portrait du major Faber du Faur; mais il n'a pu même trouver un croquis de la figure du soldat artiste, dont le petit-fils, qui fit la campagne de France (1870) dans le contingent wurtembergeois, manie comme son grand-père, et non sans talent, le pinceau! Il apprit son art dans l'atelier du peintre Yvon, et le musée de Stuttgard possède de lui deux vastes compositions, où il a raconté non pas cette fois les exploits de nos troupes sous les murs de Sébastopol, ou ailleurs, mais ceux de ses soldats du 1er régiment wurtembergeois à Champigny.

ROSTOPCHIN, GOUVERNEUR DE MOSCOU (1).
D'après un portrait du temps.

(1) Après avoir assumé jusqu'en 1823 la responsabilité de l'incendie de Moscou, le comte Rostopchin crut devoir se défendre d'avoir accompli lui-même l'acte sauvage dont il s'était pendant longtemps vanté d'avoir été l'auteur. Cette sorte de défense,

curieux, et presque introuvable, qu'il a été possible aujourd'hui de faire revivre dans toute sa fidélité.

Le journal du capitaine Faber du Faur se compose d'une centaine de planches. La première porte pour titre : *Aux bords*

LE GOUVERNEUR ROSTOPCHIN REGARDANT L'EMBRASEMENT DE MOSCOU : « *Ah! ça va à merveille.* » D'après une caricature anglaise du temps.

*du Niémen, le* 25 *juin* 1812. La composition en est très heureuse. Au premier plan, sur un monticule élevé, des groupes de soldats

d'une grotesque puérilité d'argumentation, parut à Paris sous ce titre : *La Vérité sur l'incendie de Moscou.*

Ce farouche personnage, qui livra même aux flammes son lit de mariage « pour éviter la souillure des vainqueurs » (voir le Journal de sir Robert Wilson), était, curieuse anomalie, un gentilhomme très badin et un philosophe sceptique et railleur. Pour s'en convaincre, il faut lire ses extraordinaires mémoires (*les Mémoires du comte Rostopchin, écrits en dix minutes*), rédigés sur les conseils d'une dame française, pendant son séjour à Paris.

En voici deux courts extraits, très propres à donner une idée du ton général de l'œuvre :

Chapitre II. *Mon Éducation* : « On m'apprit toutes sortes de choses et toute

encadrés par de grands arbres d'un beau dessin. Ils attendent,

TRISTE IMAGE DE LA RETRAITE DE MOSCOU PAR LES FRANÇAIS.
Gravure allemande du temps.

l'arme au bras, ou en préparant leur repas, le signal de franchir le fleuve sur lequel trois ponts ont été jetés. Du haut de ce mon-

espèce de langues. A force d'être impudent et charlatan, je passai quelquefois pour un savant. Ma tête est devenue une bibliothèque dépareillée dont j'ai perdu la clef... »

Chapitre XII. *Analyse de ma vie* : « J'attends la mort sans crainte, comme sans impatience. Ma vie a été un mauvais mélodrame à grand spectacle, où j'ai joué les héros, les tyrans, les amoureux, les pères nobles, mais jamais les valets... »

Quand le gouverneur de Moscou vint à Paris en 1815, le gouvernement des Bourbons lui fit fête, ainsi d'ailleurs qu'au chef des cosaques Platow. Ces deux personnages s'étaient tout particulièrement distingués, pendant la campagne de 1812, aux yeux des bourreaux du duc d'Elchingen, maréchal de France, prince de la Moskowa...

ticule on peut voir le gros de l'armée massé en colonne au pied des hauteurs boisées de Ponicino et tout au bord du fleuve sur lequel s'agite déjà la fourmilière de l'invasion. L'air est pur, pas une brise n'agite les feuilles des grands arbres.

« ... Une chaleur brûlante nous dévorait... nos visages étaient gonflés de piqûres... on eût dit que l'été, dédaignant ces

GRENADIER EN TIRAILLEUR (Russie 1812).
D'après Charlet.

tristes climats, avait hâte de faire place à l'hiver... Le passage du Niémen eut lieu, et 300.000 hommes abordèrent une rive ennemie... »

Ces quelques lignes, empruntées au livre de B.-T. Duverger : *Mes impressions sur la campagne de Russie*, et la calme et limpide composition de Faber du Faur, permettent de douter de la sincérité du récit que fait le comte Philippe de Ségur du passage du Niémen.

Le général historien, dans son *Tableau de la campagne de*

*Russie*, nous raconte qu'une tempête épouvantable signala ce passage mémorable. D'après lui, de formidables coups de tonnerre éclatèrent et les cataractes du ciel s'ouvrirent au moment où la division d'avant-garde commença de défiler sur les ponts.

De quel côté est la vérité? Dans la relation de Duverger et

LE PRINCE EUGÈNE (1).

la lithographie de Faber du Faur, sans doute, et non dans le récit du comte de Ségur qui paraît, en cette circonstance, s'être trop facilement abandonné à un élan de son imagination pour établir, contrairement à la réalité, une harmonie

(1) Le prince Eugène joua un rôle important pendant la campagne de 1812, où il commanda le 4e corps d'armée, qui se distingua en maintes circonstances et principalement à Ostrowno, à Mohilew et à la Moskowa. La façon brillante dont il se conduisit pendant toute la durée de la lutte fit dire à Napoléon : « Dans cette guerre, nous avons tous commis des fautes; Eugène est le seul qui n'en ait pas fait. »

de couleur entre la première et la dernière scène du drame.

D'ailleurs, et c'est là un des côtés intéressants de l'ouvrage de Faber du Faur, plusieurs de ses dessins sont de précieux correctifs à des affirmations des bulletins militaires et aux relations souvent trop fantaisistes des historiens officiels.

La dernière planche est une des plus originales, et aussi une des plus artistiques de son recueil. C'est un simple dessin au trait, mais d'une énergie rare. Il représente un traîneau attelé de deux petits chevaux moscovites, à longue crinière et à mine sauvage. Dans le véhicule ont pris place un conducteur bizarrement vêtu et un personnage d'un accoutrement plus bizarre encore, mais sous les lourdes draperies duquel on peut deviner les traits de l'Empereur. Il est coiffé de la toque de loutre qu'il portait sur la route de Pnewa le 8 novembre (Voir page 304).

Nous sommes aux environs de Wilkowiezky, le 14 décembre 1812. Le traîneau glisse silencieusement sur la terre infiniment blanche, emportant vers Paris César et sa fortune... terriblement ébranlée. Les pieds des chevaux s'enfoncent profondément dans la neige. Sous le ciel lourd, dans l'air glacé, quelques arbres noirs détachent leurs grêles silhouettes, seuls témoins de cette fuite mystérieuse à travers le morne silence des espaces immenses.

Nous voici bien loin du passage du Niémen, sous la verdure des grands arbres, au milieu des rayons du soleil, au chant joyeux des clairons. Quelques mois ont suffi pour détruire presque complètement la plus formidable armée qui ait jamais existé, et pour précipiter la chute de la plus invincible, en apparence, des puissances humaines...

Et le traîneau glisse sans bruit pendant que le héros vaincu, mais inaccessible au découragement, laissant derrière lui des lacs de sang qu'éclaire la sinistre lueur des villes et des villages en flammes, d'où montent des cris de douleur et de malédiction, promène son regard sur la virginale blancheur des neiges, tout entier à son idée de revanche possible et à ses préoccupations dynastiques.

Mais entre cette première et cette dernière page du

SIR ROBERT WILSON (1).

(1) Une étrange et puissante figure d'aventurier que celle de sir Robert-Thomas Wilson, et qui mérite bien qu'on lui consacre ici quelques lignes biographiques, car le rôle que joua cet Anglais pendant la campagne de 1812, sans être très apparent, n'en est pas moins considérable. On peut dire qu'il fut l'âme ardente de la résistance pendant cette terrible guerre, et l'Angleterre, si intéressée au désastre de la Grande Armée, désastre qui seul pouvait la sauver de la ruine, avait bien choisi son homme en le plaçant comme conseiller d'Alexandre Ier, au quartier général de l'armée russe.

Robert Wilson fut l'inspirateur des mesures les plus désespérées qui marquèrent cette lugubre époque, et dont l'impitoyable exécution causa en définitive la retraite de Napoléon et précipita sa chute. Il est aujourd'hui presque hors de doute que c'est à sir Robert Wilson qu'est dû ce programme de dévastation que les Russes réalisèrent avec une si parfaite méthode devant l'armée d'invasion. Au lendemain de la bataille de la Moskowa, il était l'hôte de Rostopchin, qu'il ne quitta que lorsque ce dernier eut mis le feu aux quatre coins de Moscou.

D'ailleurs ce ne fut pas seulement en Russie que la France eut à lutter contre ce terrible adversaire. Il nous avait déjà combattus avec éclat en Égypte, où le gouvernement anglais l'avait chargé de veiller au maintien de la correspondance entre

livre, que d'événements racontés, d'un trait sûr et sincère !

C'est d'abord la marche sur Moscou notée jour par jour,

COMBAT DE KRASNOÏ, LE 18 NOVEMBRE 1812 A NEUF HEURES DU MATIN.
L'arrière-garde de l'armée française attaque sur trois colonnes l'armée russe qui barrait la route de Krasnoï. D'après l'aquarelle originale de Th. Yung.
(*Collection du ministère de la guerre.*)

où l'on voit défiler toute la série des bivouacs avec leurs scènes familières : scènes de maraude, scènes de trafic avec les marchands juifs attachés au pas de l'armée d'invasion,

Abercromby et le général en chef de l'armée turque. C'est au retour de cette mission qu'il publia sa fameuse *Relation historique de l'Expédition anglaise en Égypte*, dont il avait pu escompter sûrement d'avance le succès chez nos voisins d'outre-Manche, car c'est là qu'il osa affirmer pour la première fois que Bonaparte, « l'odieux Bony », avait fait empoisonner les pestiférés de Jaffa.

Nous le retrouvons quelques années plus tard dans les rangs de l'armée russe, à Friedland, et il faut croire qu'il y rendit de réels services aux alliés de son pays, car

voire même des scènes galantes, comme dans les rues de Liozna, ou au bivouac de Valoutina...

Tantôt le soldat-artiste, développant son sujet et lui

RETRAITE DE L'ARMÉE FRANÇAISE DE MOSCOU L'AN 1812.
D'après le tableau de Klein.

donnant, dans son petit format, toute l'importance d'une grande composition militaire, comme dans *Le Passage du Borysthène le 14 août* 1812, ou *L'Arrivée devant Smolensk le*

après la paix de Tilsitt il fut reçu avec beaucoup de distinction à Saint-Pétersbourg par le Czar lui-même, nous apprend son biographe, W. Randolph.

En 1809, il organisait en Portugal la légion luzitanienne, et se distingua à sa tête en diverses rencontres.

Enfin à Lutzen, il chargeait les Français à la tête de la réserve prussienne, dont il eut pendant quelque temps le commandement.

Puis en 1815, il encourt la peine de trois mois de prison, généreusement octroyés

16 *août* 1812, nous fait assister à de grands déploiements de troupes, défilant sous les yeux de l'Empereur en personne. Puis le drame s'accuse. Voici les combats dans les faubourgs de Smolensk. Bientôt la ville entière flambera comme une torche (18 août, dix heures du soir), sous les yeux des soldats impuissants et troublés.

C'est le prélude de la ruine de Moscou.

Jusqu'à l'embrasement du Kremlin, ou plutôt jusqu'au passage de la Bérésina, l'artiste ne fera désormais plus passer sous nos yeux que des scènes d'un aspect navrant, sauf cependant quelques vues, d'une couleur riante, prises dans les jardins et dans les faubourgs de la ville sainte, avant sa destruction.

par le gouvernement des Bourbons, mais avec l'autorisation de Wellington, pour avoir contribué avec Hutchinson et Bruce à l'évasion du comte de La Valette. Ce fâcheux événement lui attira, à son retour en Angleterre, de nombreuses tracasseries dont il se vengea en publiant, presque toujours sous le voile de l'anonyme, de nombreuses brochures, écrites dans une langue très acérée, et où la politique des puissances en guerre avec Napoléon était qualifiée en des termes peu flatteurs pour la coalition. L'une de ces brochures, l'*Esquisse du pouvoir militaire et politique de la Russie*, fit surtout grand bruit et donna lieu à une polémique violente.

Après la chute de l'Empire, Robert Wilson ne trouvant plus en Europe un champ d'action digne de son infatigable énergie, part pour l'Amérique du Sud, où il s'enrôle sous l'étendard libérateur de Bolivar, avec lequel il ne tarde pas d'ailleurs à se brouiller.

Sir Robert Wilson mourut en 1849 gouverneur de Gibraltar, après avoir encore pu trouver l'heureuse occasion de porter les armes contre nous pendant la guerre d'Espagne de 1823. Il fut d'ailleurs grièvement blessé à la Corogne, accident providentiel qui lui valut un siège au parlement anglais, puis la propriété du 15e régiment de hussards, qu'il ne tarda pas à abandonner pour le gouvernement du rocher de Gibraltar, où il fixa enfin sa vie errante et aventureuse.

Telle est, brièvement résumée, l'existence de ce curieux personnage à la fois soldat, diplomate et historien, et qui, depuis 1793, époque où il entra comme volontaire dans l'armée anglaise des Pays-Bas, jusqu'à sa mort, ne cessa de nous combattre avec le plus consciencieux acharnement. Robert Wilson fut assurément un des ennemis les plus redoutables de Napoléon.

Nous avons cru devoir reproduire ici son image, à côté de celles des principaux acteurs de la campagne de 1812. On pourrait tout aussi bien lui faire place au milieu des figures de tous les principaux adversaires de la France, pendant toutes les guerres de la Révolution, de l'Empire, de la Restauration.

Jamais la haine de l'Angleterre pour la France ne s'incarna avec plus de vigueur que dans la personne de Robert Wilson.

LE MARÉCHAL NEY SOUTIENT L'ARRIÈRE-GARDE DE LA GRANDE ARMÉE, DÉCEMBRE 1812.
D'après le tableau d'Yvon (Musée de Versailles).

LE MARÉCHAL NEY (1).
D'après un portrait anonyme du temps.

(1) Le maréchal Ney fut assurément un des acteurs les plus héroïques de la campagne de 1812, pendant laquelle il se couvrit de gloire. Mis à la tête du 3e corps, il battit l'ennemi à Lyadi (13 août), prit une part brillante à la prise de Smolensk,

f

Voici l'image de cette guerre impitoyable, représentée sous une forme inconsciemment symbolique et avec un art vraiment saisissant, dans la planche XXXVIII, où l'on voit un tirailleur russe étendu mort, après avoir brûlé sa dernière cartouche, au bord d'un ruisseau, et près d'un saule que la mitraille a émietté.

Plus loin c'est le champ de bataille de Borodino, dans toute son imposante horreur (voir la planche LVI). L'armée de Koutousow a fui, livrant Moscou à l'invasion. La terre est couverte de morts et de mourants auxquels, détail hideux, les voleurs de cadavres ont déjà ôté leurs chaussures, laissant voir les pieds nus crispés par la douleur. Des chevaux sans cavaliers errent éperdus à travers ces lieux désolés, où les héroïques combattants dorment pêle-mêle leur éternel sommeil. Le ciel est bas et pluvieux. « Au-dessus du champ, gai et riant quelques heures auparavant, où étincelaient les

où il reçut une balle dans le cou. A Borodino, où il commandait le centre de l'armée, il se conduisit avec tant d'éclat que Napoléon le nomma prince de la Moskowa.

Chargé du commandement de l'arrière-garde pendant la désastreuse retraite, il conserva, au milieu des scènes de désespoir et de mort dont il était le témoin, une héroïque force d'âme, une indomptable énergie. On le vit à pied, le fusil à la main, faisant contre les cosaques le coup de feu, comme le dernier de ses soldats. Et pendant que la plupart des chefs, l'Empereur en tête, rentrent en France, lui poursuit la lutte pour empêcher le total anéantissement de ce qui reste de la Grande Armée.

Écoutez ce qu'en dit le comte de Ségur : « ... Il traverse Kowno et le Niémen, toujours combattant, reculant et ne fuyant pas, marchant toujours après les autres, et pour la centième fois, depuis quarante jours et quarante nuits, exposant sa vie et sa liberté pour sauver quelques Français de plus; il sort enfin le dernier de cette fatale Russie, montrant au monde l'impuissance de la Fortune contre les grands courages, et que, pour le héros, tout tourne en gloire, même les plus grands désastres... »

« Quand nous lisons la chevaleresque conduite de Ney pendant toute cette campagne, dit le maréchal Wolseley dans son livre *Le Déclin et la Chute de Napoléon*, nous ne pouvons nous empêcher de sentir quelles pauvres créatures étaient bien les héros d'Homère comparés à lui. » Et ici, c'est un Anglais qui parle.

Dans les conseils, Ney ne fut pas moins grand que dans l'action, et ce fut lui qui, le lendemain du passage du Dniéper, émit l'idée de passer l'hiver sur les bords de ce fleuve, et de remettre au printemps la marche sur Moscou. L'opinion de Ney fut repoussée. Une irrésistible fatalité entraînait l'Empereur à sa perte.

baïonnettes, et où s'élevaient les vapeurs irrisées du matin, s'étendait maintenant un brouillard intense, imprégné de fumée, et se répandait une étrange odeur de salpêtre et de sang. De gros nuages s'étaient amoncelés, une pluie fine mouillait les morts, les blessés et les exténués. Elle avait l'air de leur dire : « Assez, assez, malheureux, revenez à vous... Que faites-vous ? (1) »

Au milieu des ruines fumantes de Moscou, le capitaine Faber du Faur ne nous fait grâce d'aucun douloureux détail. Ce sont des groupes de pauvres gens, fuyant précipitamment en emportant sur leurs épaules les quelques biens qu'ils cherchent à ravir à la voracité des flammes et à la rapacité du vainqueur : des cadavres d'enfants que la chute des murailles et des poutres a écrasés, des soldats ivres se livrant au pillage... (2).

(1) *La Guerre et la Paix*. Tolstoï.

(2) « ... A travers une épaisse fumée, se présentait une longue file de voitures, toutes chargées de butin, forcées, par l'encombrement, de s'arrêter à chaque pas; on entendait les cris des conducteurs qui, craignant d'être brûlés, poussaient, pour avancer, des imprécations effroyables; partout on ne voyait que des gens armés qui, quoique s'en allant, enfonçaient les portes dans la crainte de laisser une maison intacte ; et si des objets nouveaux étaient préférables à ceux qu'ils avaient d'abord, ils abandonnaient les premiers pour se saisir de la dernière capture ; beaucoup, ayant même des voitures bien chargées, emportaient sur leur dos le reste de ce qu'ils avaient pillé ; mais l'incendie, en obstruant le passage des principales rues, les obligeait à revenir sur leurs pas ; ils erraient ainsi de quartier en quartier, cherchant, dans une ville immense qu'ils ne connaissaient point, une issue favorable pour pouvoir sortir d'un labyrinthe de feu. On en voyait qui s'éloignaient au lieu de se rapprocher du petit nombre de portes par lesquelles on pouvait sortir. C'est ainsi que plusieurs moururent victimes de leur cupidité.

Malgré ce péril extrême, cette même cupidité faisait braver tous les dangers ; les soldats excités par l'ardeur du pillage, se précipitaient au milieu des vapeurs embrasées, au travers des armes étincelantes ; ils marchaient dans le sang, foulant aux pieds des cadavres, tandis que des ruines et des charbons ardents tombaient sur leurs bras homicides : tous auraient peut-être péri, si une chaleur intolérable ne les eût enfin forcés à se sauver dans leur camp...

Sous prétexte d'aller à la maraude, nos soldats retournaient au Kremlin, et fouillaient sous les ruines et les cendres, découvraient des magasins intacts, dont ils retiraient avec profusion des objets de toute espèce.

Ainsi notre camp ne ressemblait plus à une armée, mais bien à une grande foire

Un certain nombre de planches lithographiques du journal sont simplement exécutées au trait, et ce ne sont pas les moins curieuses. La plupart, bien que d'une facture un peu

LE GÉANT MOSCOVITE.
D'après une estampe populaire russe de l'époque.

sèche, accusent avec une précision et une netteté suffisantes les physionomies si diverses des soldats de toutes les nations

où chaque soldat, métamorphosé en marchand, vendait à vil prix les choses les plus précieuses. Quoique campé dans les champs, exposé aux injures du temps, par un contraste singulier, il mangeait dans des assiettes de porcelaine, buvait dans des vases d'argent, et possédait tout ce que le luxe avait imaginé de plus riche et de plus élégant pour les commodités de la vie. »

*Relation circonstanciée de la campagne de Russie en* 1812, *par le chef d'escadron Eugène Labaume* (ouvrage publié en février 1815).

qui composaient l'armée. Ce sont de véritables documents ethnographiques dans la suite desquels on voit se dessiner, vivre, s'agiter, avec tous les caractères extérieurs de leurs

NAPOLÉON A STUDIANKA.
D'après un tableau de Pils. (*Collection du baron Larrey.*) (1).

races, les principaux acteurs et les plus humbles héros du drame.

En vue de toutes ces planches figure un texte en complet accord avec l'illustration, et fait uniquement comme elle pour fixer, sans aucune prétention de style, un des événements intéressants de la campagne. C'est une sorte de commentaire sommairement et clairement explicatif du dessin, une légende,

(1) Cette composition d'une exécution barbare est due au pinceau inexpérimenté d'un soldat de la Grande Armée, le sous-officier Pils, qui était le père d'Isidore Pils,

ornée de quelques détails, et sans laquelle l'illustration n'aurait qu'une signification insuffisante.

En résumé, avec ses représentations des faits principaux de la guerre de 1812, tels que *Le Passage du Niémen*, *La Prise de Smolensk*, *La Bataille de la Moskowa*, *L'Incendie de Moscou*, *Le Passage de la Bérésina*..., et surtout avec ses nombreuses peintures épisodiques, dont l'ensemble constitue toute la vie intime de la *Grande Armée*, depuis son rassemblement jusqu'à sa destruction, le journal illustré du capitaine wurtembergeois Faber du Faur est d'un intérêt considérable, et cet intérêt vient surtout de son absolue sincérité.

ARMAND DAYOT.

le peintre de batailles du second Empire. Il ne faut donc pas voir dans cette peinture fruste et confuse une œuvre d'art, bien qu'on y devine un réel tempérament de peintre, mais un document historique d'un incontestable intérêt. Pils nous montre l'Empereur à la fin de la terrible retraite, à Studianka, tout près de la Bérésina. Il donne des ordres à un groupe d'officiers groupés près de lui, dans la neige. A ses côtés se tient le chirurgien en chef de l'armée, le baron Larrey. Dans la toile de Pils, qui doit être d'une sincérité absolue, car le brave soldat ne peignit que ce qu'il avait vu, l'Empereur est vêtu d'une longue houppelande verte, à brandebourgs, doublée de fourrures; il est coiffé d'une toque de loutre.

ÉPISODE DE LA CAMPAGNE DE RUSSIE.
D'après le tableau de Philippoteaux.

# CAMPAGNE DE RUSSIE

# 1812

# I

## *Aux bords du Niémen*

le 25 juin 1812.

Dans la seconde moitié de juin, toutes les troupes destinées à porter la guerre en Russie, se trouvaient rassemblées entre la Vistule et le Niémen, et s'approchaient des frontières de l'ennemi.

Un corps auxiliaire de 30.000 Autrichiens, sous les ordres du prince de Schwarzemberg, venant de la Galicie, formait l'aile droite; le 10e corps d'armée, également de 30.000 hommes, et commandé par le maréchal Macdonald, duc de Tarente, composait la gauche.

La grande armée s'était concentrée entre ces deux ailes en trois masses imposantes. L'une, sous les ordres du roi de Westphalie, comprenait le 5e, le 7e et le 8e corps d'armée, environ 70.000 Polonais, Saxons et Westphaliens, que commandaient Poniatowski, Régnier et le roi Jérôme; elle s'appuyait sur le corps du prince de Schwarzemberg, et marchait sur Grodno. La seconde masse, à gauche de cette première, se trouvait sous les ordres d'Eugène, vice-roi d'Italie; elle était composée de 50.000 Italiens et de

24.000 Bavarois du 4e et du 6e corps d'armée (ce dernier commandé par Saint-Cyr), et s'approchait de Pilony. A celle-ci se joignait la troisième et la plus forte, sous les ordres immédiats de Napoléon; elle comptait au moins 200.000 hommes, et était composée des gardes, commandées par les ducs d'Istrie et de Dantzig, des corps de cavalerie sous les ordres de Murat, roi de Naples, du 1er, du 2e et du 3e corps d'armée (dans ce dernier se trouvait la 25e division, Wurtembergeois) commandés par Davoust, prince d'Ekmuhl, et les ducs de Reggio (Oudinot) et d'Elchingen (Ney); elle cherchait à gagner le Niémen près de Kowno.

Le 23 juin, la tête de la colonne impériale arriva au Niémen, au-dessus de Kowno, près de Poniemen. Dans la nuit du 23 au 24, on construisit près de ce village trois ponts de bateaux sur le fleuve, et le 24, dès la pointe du jour, l'armée commença à déboucher sur le sol ennemi. Le 3e corps d'armée, qui avait quitté le bivouac de Kalwary le 24 juin, et s'était avancé à marches forcées par Ludowinowo et Marienpol, n'arriva à Poniemen que le 24 au soir, après avoir, non sans courir de grands dangers, traversé une forêt tout en feu; il campa près des autres troupes qui y étaient déjà assemblées, et dont les bivouacs s'étendaient à perte de vue le long de la vallée et des coteaux de la rive gauche. C'était un coup d'œil magique dans cette belle nuit d'été que l'aspect de ces innombrables feux de bivouacs dont étaient parsemées la vallée et les hauteurs, aussi loin que l'œil pouvait plonger; mais quel spectacle imposant, lorsque, le lendemain matin, promenant ses regards sur cette vaste campagne, où l'on n'apercevait plus que la faible lueur de ces feux mourants, on vit les troupes, qui s'étaient réunies et mises en marche, et les vallées et les collines, qui, éclairées des rayons éblouissants du soleil, semblaient s'animer, se mouvoir, et même se diriger vers les ponts. Plein d'ardeur, de courage, bercé des plus belles espérances, tout le monde s'empressait de gagner le sol russe; et qui eût pensé alors que, de toute cette armée, la plus belle, la plus aguerrie qui se soit jamais vue; qui eût pensé, dis-je, que, de tant de milliers d'hommes qui allaient combattre contre la Russie, la plupart couvriraient sous peu la terre ennemie de leurs corps et des débris de leurs armes, et que peu d'entre eux repasseraient, cinq mois plus tard, dans un désordre complet, les eaux glacées du Niémen?

## II

### *Bivouac de S. A. le Prince Royal Guillaume de Wurtemberg, près d'Ève*

le 28 juin 1812.

Les marches forcées qui avaient précédé le passage du Niémen, et celles qui l'avaient suivi jusqu'à ce que l'on eût atteint le voisinage de Wilna, avaient rendu nécessaire un jour de repos pour le 3e corps d'armée, qui, après une marche de quatorze heures, arriva le 27 juin, de nuit, à Ève, exténué de faim et de fatigue et affaibli par l'absence d'une foule de traîneurs. Le 28 juin fut le jour de repos accordé à la 25e division ; elle campa sur la lisière d'un riant bocage, où l'on vit s'élever à la hâte et comme par enchantement, construites de branches et de feuillage, les huttes légères et odoriférantes de cette ville éphémère ; et avant toutes les autres, celle de notre chef adoré, la plus douce espérance de la patrie et la nôtre. Il avait partagé avec ses compagnons d'armes les privations, les fatigues et les dangers, et un berceau de rameaux verts s'arrondissait sur cette tête si chère, comme sur celle du dernier de ses guerriers.

Ce repos nous avait rendu nos forces, et nos rangs s'étaient complétés ; le 29 juin nous nous dirigeâmes vers la Wilia, pour tenter, près de Kirgaliczky, le passage de cette rivière.

PRÈS D'ÈVE, LE 29 JUIN 1812.

## III

### Près d'Ève

le 29 juin 1812.

Il n'est pas de campagne où l'on ait eu plus souvent besoin de tirer sa subsistance du pays que l'on traversait, il n'y en a pas où la rentrée des vivres se soit faite d'une manière plus pénible et pour le soldat et pour les habitants, que la campagne de Russie, où l'armée, à cause de ses marches rapides et de son énorme masse, éprouvait un manque général, où il était même difficile de se procurer le nécessaire, et où il fallait tout abandonner à l'activité et à l'industrie des individus. C'est d'Ève que l'on peut proprement dater le commencement de ces sortes de réquisitions fatales, et des dévastations du pays, qui en sont presque toujours la suite inévitable. A partir de cette ville, on voyait tous les jours, au lever du bivouac, les colonnes entourées de nuées de maraudeurs et de détachements de troupes isolés, qui se dispersaient dans toutes les directions, pour aller à la recherche des objets de première nécessité, et qui, le soir, rentraient au bivouac, chargés de leur butin. Outre que cette mesure ne pouvait manquer de produire une impression des plus défavorables sur l'esprit des provinces de la Lithuanie, que l'on avait portées à secouer le joug de la domination russe, et qui, au lieu de tous les avantages qu'elles s'étaient promis de leur nouvelle alliance, se voyaient, sur toute l'étendue qu'occupait l'armée, exposées au pillage et à l'oppression de leurs nouveaux protecteurs et de leurs alliés; outre cette impression défavorable, dis-je, la discipline était sapée jusque dans ses fondements; et cette même mesure qui devait avoir pour but la conservation des troupes, fut précisément une des causes qui amenèrent l'anéantissement d'une armée bien supérieure à toutes celles que l'histoire nous présente dans ses fastes.

# IV

## Entre Kirgaliczky et Suderwa

le 30 juin 1812.

Le 29 juin le 3ᵉ corps d'armée partit d'Ève, et arriva à midi à Kirgaliczky aux bords de la Wilia, dont les eaux avaient été considérablement grossies par une pluie continue. Le pont qui traversait cette rivière ayant été brûlé, on bivouaqua sur les bords de la Wilia jusqu'à ce qu'on eût achevé un pont de chevalets. Le 30, avant midi, le nouveau pont fut praticable, et le 3ᵉ corps d'armée commença à y défiler pour se rendre à la rive opposée. La pluie continuelle qui tombait par torrents, n'avait pas seulement converti notre bivouac en marais; elle avait encore tellement trempé la terre tout autour, qu'il était presque impossible d'avancer. De l'autre côté de la rivière, on rencontra bientôt plusieurs hauteurs assez escarpées et parallèles avec le bord; il fallait les gravir pour arriver à Suderwa; mais ce ne fut qu'avec les plus pénibles efforts qu'on parvint à faire passer les attelages. Quand une colonne avait frayé un chemin par ces hauteurs, et que quelques canons et quelques caissons y avaient passé avec des peines inouïes et à l'aide d'un double attelage, ce chemin était tellement sillonné et labouré par suite de ces efforts mêmes, que les roues des attelages qui suivaient s'enfonçaient jusqu'aux moyeux et même plus avant; il fallait en conséquence choisir un autre chemin, qui, par les mêmes raisons, éprouvait bientôt le même sort. Plusieurs centaines de chevaux y périrent, et marquèrent, enfoncés dans la bourbe, les deux premières lieues de la marche du 3e corps d'armée après son passage de la Wilia; cette seule marche lui fit éprouver une perte si considérable en chevaux, qu'il fallut mettre en dépôt à Wilna une batterie de 12 et la moitié de l'artillerie de réserve, faute de chevaux pour les traîner.

## V

### *Au bivouac de Miliathui*

le 5 juillet 1812.

Le 3ᵉ corps d'armée s'était avancé à marches forcées jusqu'à Maliathui, où l'on nous accorda enfin quelque repos, pour y attendre la rentrée successive au camp de nos nombreux traîneurs. Il n'y avait que quinze jours que la campagne était ouverte, et déjà la disette était si grande, qu'un seul pain coûtait quatre écus de six livres (Albertsthaler); ce qui obligeait le soldat à tirer parti de tout, afin de se procurer quelque argent pour fournir à ses premières nécessités. Les peaux mêmes du bétail furent un objet de trafic offert à l'avidité des Juifs, toujours prêts à mettre à profit ce qui, pour d'autres, paraissait n'avoir aucune valeur. Ce commerce ne laissa pas d'être de la plus grande utilité pour l'armée.

## VI

### *Aux environs de Tschoulanoui*

le 7 juillet 1812.

Le 6 juillet, la 25e division vint prendre position près de Tschoulanoui, contrée agréable, fertile, couverte de riches champs de blé et de belles forêts. Mais bientôt cette contrée eut aussi à souffrir des maux de la guerre. Ne recevant de subsistance ni des magasins ni des habitants, on fut obligé, ici comme partout ailleurs, d'envoyer des détachements de troupes pour se procurer de force les aliments les plus nécessaires, et les champs furent dévastés par les fourrageurs. Nous quittâmes cette position le 9 juillet, ne laissant d'autres traces de notre courte apparition que des baraques vides, des champs triturés et dépouillés, et des forêts éclaircies.

## VII

### *Du bivouac de Kokuticzki*

le 9 juillet 1812.

Dans un pays dont nous ignorions la langue, le grand nombre de juifs fut pour nous d'un avantage immense. Tandis que, pour se soustraire aux excès du guerrier, tous cherchaient un asile dans les bois, seuls, retenus par un sordide appât du gain, ils n'abandonnèrent point leurs cabanes. Accoutumés aux mauvais traitements et au mépris des étrangers et des naturels, ils ne connaissaient pas d'autre pensée que celle d'amasser de l'argent et de s'enrichir par un honteux trafic. Comme ils parlent parfaitement notre langue, jusqu'aux frontières de la Russie ils nous servirent souvent de guides; mais il fallait employer la force pour les porter à se charger d'un emploi qui n'était pas toujours sans danger, et dont la récompense n'était ordinairement, vu l'obstination des Juifs, que force bourrades que leur administraient nos soldats.

## VIII

### *Aux environs de Kozusczina*

le 11 juillet 1812.

L'armée avait passé le Niémen, pourvue de vivres pour vingt jours ; car on avait espéré atteindre Wilna en combattant toujours et livrer près de cette ville une bataille décisive. De cette manière les transports de vivres auraient pu suivre les troupes et une victoire complète eût fait le reste. Mais la retraite continuelle des Russes reculait sans cesse la bataille. Faire halte pour attendre l'arrivée des convois, c'eût été renoncer à la probabilité d'empêcher, par une vive poursuite, la jonction des armées de Barclay de Tolly et de Bagration, et de pouvoir détruire ces deux armées l'une après l'autre. On suivit donc l'ennemi de près, et 400.000 hommes se virent, sans aucune provision de vivres, engagés, jour par jour, marche par marche, sur le sol d'un pays inhospitalier que venaient de dévaster et amis et ennemis, et qui avait eu peine à nourrir autrefois la poignée de Suédois conduits par Charles XII.

Ce fut surtout la grande colonne, sous les ordres immédiats de Napoléon, et dont le troisième corps d'armée faisait partie, qui eut le plus à souffrir. Elle suivait la grande route, où l'avant-garde française avait consumé tout ce que les Russes, dans leur retraite, n'avaient point détruit. Réduits à la nécessité de se procurer des vivres pendant la marche, les régiments érigèrent des détachements mobiles, que, chaque jour avant le départ, ils envoyaient du bivouac dans les villages situés à droite et à gauche de la route, et par où les troupes n'avaient point encore passé. Ces détachements avaient l'ordre d'enlever tout ce qu'ils pourraient trouver d'aliments, et, après avoir suivi les flancs de l'armée pendant quelques heures, ils devaient, autant que possible, rejoindre les régiments vers le soir. Pour mieux faire leurs courses, la plupart s'étaient procurés de petits chevaux russes, dont ils avaient fait leurs montures, et qui leur servaient en même temps de chevaux de somme, quand ils n'avaient pu trouver de voitures. Lorsque, le soir, on approchait de la place du bivouac, on voyait affluer de tous côtés ces cavaliers envoyés à la recherche qui, au lieu d'accompagner à pied leurs chevaux chargés de vivres, étaient le plus souvent perchés sur le bagage même.

Bourdon & Keilhauer S.

# IX

## *Aux environs de Jenolani*

le 12 juillet 1812.

Nos soucis et nos peines se renouvelaient de jour en jour, et ces sortes de scènes se répétaient sous mille formes différentes. Cependant l'on pouvait, pour ainsi dire, admettre avec certitude que chaque détachement un peu considérable que l'on envoyait à la recherche des vivres, ramenait avec soi quelque juif qui lui servait de compagnon de route, de guide et d'interprète, et que la force, ou l'amour du gain, ou l'un et l'autre avait attaché à la suite de la troupe. Ce ne fut que sur le sol de l'ancienne Russie, derrière Smolensk, que ces compagnons de route disparurent, et avec eux un moyen de plus de pourvoir à la subsistance de l'armée.

## X

### *Bivouac de Raskimosi, près du lac Braslaw*

le 18 juillet 1812.

Nous quittâmes, le 15 juillet, le bivouac de Drisviatoni, et arrivâmes le soir au lac de Braslaw, sur les riants bords duquel nous assîmes notre camp, de même que dans le voisinage Raskimosi. Nous nous y arrêtâmes jusqu'au 19 juillet, pour remédier à la dysenterie qui, à la suite des fatigues, des privations et surtout de l'insalubrité du climat, s'était mise dans nos rangs, où elle avait déjà fait de grands ravages. Le cours de cette maladie était quelquefois si rapide et si mortel que, pendant la marche ou dans le bivouac même, on voyait des hommes tomber morts, sans apercevoir aucun symptôme de quelque danger menaçant. Le quartier général ne fut point épargné par ce fléau; on y comptait une foule de malades, dont plusieurs furent enlevés rapidement ; notre illustre chef en fut lui-même attaqué d'une manière si forte et si alarmante, qu'il fallut le transporter à Wilna, où, dangereusement malade, il fut fixé pendant plusieurs mois sur un lit de douleurs.

## XI

### *Près la route de Braslaw à Disna*

le 21 juillet 1812.

On avait reçu la nouvelle que Barklay avait abandonné sa forte position près de Drissa, et qu'il se dirigeait sur Witebsk ; cette nouvelle nous fit quitter, le 19 juillet, le bivouac que nous occupions depuis plusieurs jours près de Raskimosi sur le lac de Braslaw ; tous les corps d'armée qui se trouvaient sous les ordres immédiats de l'Empereur, se mirent en mouvement pour atteindre Witebsk avant Barklay, ou du moins pour forcer ce général à accepter, dans les environs de cette ville, une bataille décisive.

Des chemins qu'avaient rendus presque impraticables de longues files de convois, et qui, à travers des forêts marécageuses, conduisaient par des digues garnies de bois, une lutte continuelle entre les divers détachements de troupes, qui se poussaient sans cesse et cherchaient à se dépasser, sans qu'aucune police arrêtât ce désordre, firent de cette marche une des plus pénibles que nous eûmes à supporter dans cette guerre d'invasion. Ce fut ainsi que, le 21 juillet, nous allâmes, tout exténués, bivouaquer à droite de la route de Disna, assez près d'un village tout en flammes.

## XII

## *Bivouac devant Disna*

23 juillet 1812.

Le 22 juillet le 3e corps d'armée vint bivouaquer devant Disna, non loin de la Duna ; il quitta ce bivouac dans la matinée du 23 pour se rendre à Polotzk, en laissant toutefois dans cette position une brigade d'infanterie et une batterie de nos troupes (wurtembergeoises) jusqu'à l'arrivée du 2e corps. A peine le bivouac fut-il évacué, que les campagnards voisins accoururent des réduits où ils s'étaient cachés et se répandirent avidement dans les lieux où nous avions campé, pour s'emparer de tout ce que les troupes avaient laissé à leur départ ; c'étaient en grande partie des objets que l'on avait fait venir des villages voisins pour les besoins du bivouac, du bois, des ustensiles, etc.

C'était un coup d'œil des plus intéressants que le costume de ces gens, qui, jusque dans les moindres détails de la coupe, ressemblait à celui de leurs ancêtres, représenté, il y a près de dix-huit siècles, sur les colonnes de Trajan et d'Antonin. Ils n'avaient pas seulement conservé le costume de ces temps reculés, mais même le degré de civilisation d'alors, et avec cela la même simplicité de mœurs. Comme ils étaient presque sans communication avec les peuples de l'Ouest, nous leur parûmes des êtres si étranges, si extraordinaires, qu'on aurait dit que nous étions séparés d'eux, non seulement par plusieurs centaines de milles, mais même par plusieurs siècles.

Enfin, vers le soir, on vit paraître les têtes des colonnes du 2e corps d'armée, et nous nous mîmes en marche pour aller rejoindre le 3e corps à Polotzk.

DEVANT POLOTZK, LE 25 JUILLET 1812

## XIII

### *Devant Polotzk*

le 25 juillet 1812.

Ce fut le 24 juillet au soir qu'après une marche des plus pénibles à travers une forêt marécageuse, nous arrivâmes à Polotzk, ville de 4.000 âmes dans le gouvernement de Witebsk, à l'embouchure de la Polota dans la Duna, 685 verstes de Moscou; nous bivouaquâmes devant la ville. Le lendemain nous décampâmes et continuâmes notre marche dans la direction de Beschenkowitschi, laissant à gauche Polotzk, dont la partie sud-est, éclairée par les premiers rayons du soleil, offrait, par ses églises et ses tours, un aspect des plus riants. De toutes ces églises, les plus distinguées étaient le collège et l'église des Jésuites, ordre qui n'existait plus alors qu'en Russie; il avait à Polotzk, son siège principal, ainsi qu'une imprimerie de l'ordre; c'était la résidence du général; de 44 prêtres, de 46 élèves et de 29 coadjuteurs. C'est aux combats postérieurs du 17 et du 18 août 1812, et à ceux du 18 et du 19 octobre de la même année, que Polotzk est redevable de sa célébrité militaire.

# XIV

## *Sur la rive droite de la Duna, au-dessus de Polotzk*

le 25 juillet 1812.

De Polotzk la route nous mena bientôt à la rive gauche de la Duna, et, après une heure de marche, à un vaste château situé sur la rive droite et entouré de beaux jardins et de grands édifices, servant à une économie rurale, près desquels un pont joignait les deux bords ; c'était probablement le château de Strudnia si souvent mentionné par les Bavarois à cause de la valeureuse défense de sa tête de pont. Il était abandonné, pillé et rempli de traîneurs de toutes armes et de toutes nations, qui y vivaient à leur gré. En général, cette marche et toutes celles que nous fûmes obligés de faire plus tard pour rejoindre le 3e corps d'armée et notre division, dont nous avions été séparés dans les défilés des forêts de Polotzk, où nous nous trouvâmes immédiatement au dos de la principale colonne de la grande armée, nous fournirent l'occasion de voir dans toute son horreur le côté hideux de cette manière de faire la guerre. Çà et là gisaient sur la route des mourants ou des morts, victimes des marches forcées, des privations et des rigueurs du climat; les villages, les châteaux et la grande route étaient encombrés de traîneurs, dont les uns s'efforçaient de rejoindre leurs détachements; les autres, au contraire, restaient à dessein sur les derrières de l'armée, pour pouvoir impunément vivre à leur guise. Des troupeaux de bétail conduits par des soldats, de longues files de voitures russes chargées de vivres, suivaient nos colonnes, et annonçaient plutôt l'émigration d'un peuple de nomades, que la marche de la première armée de l'Europe conduite par le plus grand capitaine de son siècle.

## XV

### *Bivouac devant Ula*

le 26 juillet 1812.

Après avoir, avec de grandes peines et non sans courir des dangers, heureusement achevé notre marche, le 26 juillet, à travers un terrain dont le gazon était enflammé au loin, nous arrivâmes à la chute du jour dans la petite ville d'Ula, située sur le ruisseau de même nom, et habitée pour la plus grande partie par des Juifs. Nous faillîmes y être enveloppés dans un second incendie plus considérable que le précédent auquel nous n'échappâmes que parce que nous traversâmes la ville pour établir notre bivouac au delà; car à peine la nuit fut-elle close, à peine eûmes-nous allumé nos feux de cuisine, que le feu éclata dans cette petite ville, occasionné sans doute par l'imprudence des traîneurs de toutes nations et de toutes armes, qui s'y étaient logés en grand nombre. Il fit des progrès rapides, et une partie considérable des maisons fut réduite en cendres.

## XVI

### *Près de Beschenkowitschi*

le 28 juillet 1812, à cinq heures du matin.

Le vice-roi d'Italie avait rencontré près de Beschenkowitschi l'arrière-garde de l'armée de Barclay, commandée par Doctorov; il l'avait repoussée de cette petite ville sur la rive droite, et rétabli le pont de la Duna, que les Russes, dans leur retraite, avaient détruit.

Beschenkowitschi est une jolie petite ville, bâtie pour la plus grande partie sur la rive gauche de la Duna, et qui présente un site pittoresque; elle a quelques belles églises et une grande synagogue, et se trouve à 635 verstes de Moscou et à 58 1/2 verstes de Witebsk. Nous y arrivâmes le 27 juillet au soir; mais nous fûmes trompés dans l'espérance que nous avions conçue d'y rencontrer notre division : elle en était partie le jour même de notre arrivée. Nous n'en trouvâmes que trois bataillons, et l'ordre qu'on nous avait laissé de rester à ce poste, pour défendre avec eux le pont de la Duna. Nous établîmes notre bivouac hors de Beschenkowitschi, le long de la route d'Ostrowno, non loin d'une église, et nous ne le quittâmes que dans la matinée du 28, pour occuper la position qu'on nous avait assignée pour la défense du pont. Notre batterie fut placée sur la rive gauche de la rivière : la moitié à gauche du pont dans la ville, l'autre moitié hors de la ville à droite du pont.

## XVII

### *Près de Beszinkowiczi, sur les bords de la Dwina*

le 29 juillet 1812.

Nous arrivâmes à marches forcées à Beszinkowiczi, sur la rive gauche de la Dwina : car l'empereur qui voulait contraindre l'ennemi à s'arrêter dans sa fuite, le poursuivait sans relâche. On livra aux flammes le faubourg situé sur la rive droite, pour construire à sa place une tête de pont qui, en cas de revers, pût nous offrir une retraite assurée. Un noir tourbillon de fumée s'élève vers les nues, et bientôt les maisons russes, bâties en bois, ne présentent plus qu'un monceau de cendre. Pour couvrir le pont, on a braqué du canon tout près de la route de Krukowieczi, à l'endroit où la rivière forme sa première sinuosité.

## XVIII

### *Faubourg de Beschenkowitschi, sur la rive droite de la Duna*

29 juillet 1812.

Pour couvrir le pont de communication des deux rives de la Duna, on jugea nécessaire d'établir sur la rive droite une tête de pont qui entraîna la destruction d'une grande partie du faubourg voisin. Entre autres bâtiments qui devinrent la proie des flammes, se trouvait une belle église bâtie en bois, que nous cherchons dans cette feuille à sauver de l'oubli.

## XIX

### *Devant Beschenkowitschi*

le 30 juillet 1812.

Quelque grand besoin que nous eussions d'un repos de quelques jours après les marches les plus pénibles, qui avaient épuisé les hommes et les chevaux, toute la douceur en était troublée par la crainte où nous étions d'être obligés de rester à la fin inactifs sur les bords de la Duna pour en défendre le pont, tandis que l'armée volerait à de nouveaux exploits. Nous n'avions point de bivouacs réguliers : hommes et chevaux, tout était entassé dans les granges, devant lesquelles se trouvaient nos canons; et nos gens, heureux dans la possession de cet abri, et n'ayant aucun pressentiment d'un sinistre avenir, s'abandonnaient à une molle oisiveté, et passaient le temps à rêver à leur patrie ou à en raconter des histoires. Le 30 juillet, dernier jour de ce repos, vint dissiper l'inquiétude que nous avions d'être obligés de rester ici; relevés par des troupes bavaroises, nous reçûmes ordre de nous diriger dès le lendemain sur Witebsk à marches forcées pour rejoindre l'armée.

## XX

### *Sur la route, entre Beschenkowitschi et Ostrowno*

le 31 juillet 1812.

Le 31 juillet nous fûmes relevés par les Bavarois, et quittâmes Beschenkowitschi pour aller rejoindre notre division au camp de Liozna.

Les deux jours de marche qu'il fallut faire sur les derrières de l'armée, pour nous rendre à notre corps, nous présentèrent de rechef, comme près de Polotzk, une image sensible et affreuse de l'état des troupes. Ce n'était plus rien de nouveau de voir chaque jour des soldats épuisés rester en arrière; exhortations, menaces, punitions même, tout était inutile. On remarquait à chaque halte, à chaque bivouac, que le nombre des troupes était diminué; mais sans regarder en arrière, on espérait qu'au premier séjour de quelque durée, les traîneurs viendraient rejoindre leurs drapeaux. Vain espoir ! la plupart de ces malheureux tombés d'épuisement sur la route marquaient de leurs cadavres le passage de la grande armée; mais c'est ce dont ne pouvaient se convaincre que ceux qui suivaient l'armée à quelques journées de marche, comme cela nous arriva pendant plusieurs jours.

Ce fut ainsi qu'à deux lieues de Beschenkowitschi, entre autres cadavres, nous en trouvâmes deux couchés près de la route : ils appartenaient à notre infanterie légère. L'un portait encore l'habit à l'envers, c'était la punition qu'on lui avait infligée pour être resté en arrière. Le court séjour que notre détachement fit ici, nous permit de donner la sépulture à ces malheureux.

# XXI

## *Près d'Ostrowno*

le 1er août 1812.

Dans notre marche sur Liozna nous eûmes à passer par Ostrowno et Witebsk (chef-lieu d'un gouvernement à 567 1/2 verstes de Moscou). Devant la première de ces deux villes nous arrivâmes sur la place où, le 25 juillet, Murat avait rencontré Ostermann, et nous pûmes suivre exactement, dans le cours de notre marche, les traces des combats qui avaient eu lieu le 25, le 26 et le 27, le long de la grande route jusque sous les murs de Witebsk. La route était plus ou moins jonchée de débris d'armes et de corps morts. Les cadavres d'hommes et de chevaux que nous rencontrions souvent d'espace en espace, dans les endroits surtout où la route, resserrée de chaque côté par la forêt, n'offrait à l'attaque et à la défense que sa largeur pour champ de bataille, nous montraient clairement les positions successives des Russes et les attaques de Murat et d'Eugène. Exposés depuis plusieurs jours à une ardeur de soleil brûlante, et défigurés par la putréfaction, ces cadavres offraient aux regards un spectacle d'horreur et de dégoût, infectaient l'air à une longue distance autour d'eux, et rendaient notre marche sur la route presque insupportable.

# XXII

## *Au bivouac de Liozna*

le 4 août 1812.

La grande armée exténuée ayant besoin de repos, l'Empereur lui fit faire halte et prendre ses cantonnements. Le cours de la Duna, les rives du Borysthène, et l'espace situé entre ces deux fleuves en formaient la ligne. Le 5e corps d'armée cantonna à Mohilef; le 1er, à Arscha, à Dubrowna et à Luibowitschi; le corps de cavalerie, sous les ordres du Roi de Naples, le 4e corps d'armée et la garde s'étendaient d'Arscha et de Dubrowna jusqu'à Witebsk et à Suray; le 3e corps d'armée, et conséquemment aussi la 25e division (Wurtembergeois) étaient campés dans Liozna et aux environs. Les avant-postes des cantonnements allaient de Lyadi par Inkowo à Wély.

Nous jouissions du repos; mais le soin de notre subsistance qui nous avait journellement inquiété dans nos marches, nous avait suivi dans nos cantonnements, et nous nous voyions, comme en route, contraints de pourvoir à nos aliments journaliers en envoyant des détachements à la découverte. Mais la disette devait se faire sentir bientôt : la contrée, encombrée de troupes, ne pouvait pas fournir des vivres pour longtemps; tout était ou consommé ou ravagé derrière nous; sur nos flancs étaient postés d'autres corps qui éprouvaient les mêmes besoins; devant notre ligne se trouvaient notre avant-garde et toute l'armée russe commandée par Barklay et Bagration. Ajoutez à cela que le repos même n'eût point pour les troupes les suites que l'on en espérait. Cette inactivité soudaine, après les marches forcées, ces aliments mauvais et rares, la chaleur brûlante du jour, suivie du froid sensible de la nuit, tout cela répandit parmi les nôtres les maladies et la mort; et bien que l'on envoyât dans les hôpitaux de Witebsk tous les malades en état d'être transportés, les maisons de Liozna ne s'en encombraient pas moins des grabats de nos moribonds, et les jardins des fosses de nos morts.

Ce qui fit le mieux voir les pertes de l'armée, ce fut une revue que le maréchal Ney passa le 5 août de la 25e division. Notre infanterie, sans avoir tiré un seul coup, s'y présenta réduite de moitié; et l'artillerie se vit obligée de remplacer par des fantassins les hommes qui lui manquaient pour servir les pièces et pour former le train, et de substituer 280 chevaux de paysans russes à 152 chevaux allemands qu'elle avait perdus.

## XXIII

### *Dans le voisinage de Liozna*

le 5 août 1812.

Le séjour prolongé de la grande armée entre la Duna et le Dniéper procura à une foule de traîneurs de toutes les armes, la facilité de rejoindre leurs corps respectifs. Si les marches rapides et continuelles, et un climat inaccoutumé, avaient considérablement éclairci les rangs de nos troupes, ces mêmes causes, jointes au fourrage vert, avaient aussi exercé la plus maligne influence sur les chevaux de la cavalerie et de l'artillerie, surtout sur ceux des Allemands et des Français, qui avaient péri par milliers. Les cavaliers, privés de cette manière de leurs montures, avaient cherché à s'emparer des petits chevaux russes qui couraient par troupes dans les bois, afin de pouvoir continuer leur route et sauver leurs armures.

C'était un spectacle à la fois triste et plaisant à voir, sur ces chevaux rétifs et de mauvaise apparence, défiler par notre bivouac au camp de Rudnia, des carabiniers et des cuirassiers, colosses aux membres gigantesques qui, de leurs pieds branlants, touchaient presque à la terre.

# XXIV

## *Au bivouac de Liozna*

le 6 août 1812.

Le séjour prolongé que le 3ᵉ corps fit à Liozna, permit aux troupes de songer à se procurer plus de commodités que cela n'est possible dans la précipitation inséparable d'un bivouac d'une seule nuit. On vit s'élever sur les champs de Liozna, qui fournirent eux-mêmes les matériaux, un camp régulier, disposé avec art, et construit des tuyaux d'un blé déjà jaunissant : c'était le camp du 3ᵉ corps; les régiments rivalisaient entre eux pour l'élégance des pavillons. Les nôtres, placés dans le voisinage du parc, le long de la lisière d'une jeune forêt, où l'on avait pratiqué les écuries des chevaux de trait, offraient par leurs sites et leur structure toutes les commodités et tous les avantages que l'on pouvait exiger d'un camp dans les circonstances d'alors.

# XXV

## A Liozna

le 9 août 1812.

De tous les habitants de Liozna, petite ville située dans la Pologne russe, les Juifs étaient à peu près les seuls qui, à notre arrivée, n'avaient point quitté leurs demeures. Peut-être avaient-ils été retenus par l'impossibilité de se séparer de leur petit avoir; peut-être aussi par leur avidité, qui, dans cette occasion, leur faisait pressentir de grands profits à faire. Le séjour prolongé du quartier général du 3e corps d'armée dans l'enceinte de la ville, et les bivouacs de ce même corps établi tout alentour, leur offrait en effet la perspective d'une riche récolte. Après tant de marches non interrompues et tant de privations de tout genre, nos besoins s'étaient accumulés et multipliés. Mais de quelque nature que fussent les objets demandés, on était sûr de les obtenir de la rapacité des Juifs, quand on pouvait leur offrir une récompense proportionnée. Le même esprit animait sans doute la petite troupe que j'eus l'occasion de dessiner, quand je fus envoyé à Liozna pour affaires de service.

Quatre Israélites, selon toute apparence le père, la mère, la fille et le fils, se tiennent réunis devant la porte de leur maison. Les parents, pesant avec une prudente prévoyance l'impression que pourront faire sur les étrangers les charmes de leur fille, semblent l'avoir chargée de la vente des denrées.

Cette spéculation réussit-elle? Le grenadier appuyé sous la porte de la maison, semble courir quelques chances de succès, qui pourraient bien n'être point entrées dans le calcul des vieux parents.

## XXVI

### *Au camp de Liozna*

le 9 août 1812.

Bien que notre séjour au camp de Liozna nous fournît amplement matière à faire de sérieuses réflexions sur notre position et sur notre avenir, l'aspect d'une campagne riante, la vue d'un ciel toujours serein, et une foule de scènes plaisantes, quoique nées le plus souvent des privations qui commençaient à se faire sentir dans l'armée, ne laissaient pas de nous faire passer bien des moments agréables. Quel spectacle divertissant que celui des carabiniers et des cuirassiers qui suivaient isolément l'armée, montés sur de petits bidets russes, d'où leurs longues jambes pendaient presque jusqu'à terre! Quelles situations amusantes produites par les différentes occupations que nous imposait le soin de notre existence! Ici, des soldats qui font la cuisine où la lessive; là, d'autres qui traient ou qui abreuvent le bétail que nous menions à notre suite, etc. Ces scènes toujours renouvelées et toujours variées, se produisaient tous les jours, et même toutes les heures.

# XXVII

## *Bivouac devant Liozna*

le 11 août 1812.

Notre séjour devant être de quelque durée, on n'avait pas épargné les soins, dans la construction des baraques des officiers comme de celles des soldats, pour se procurer le plus de commodités possible. La baraque des officiers de la 2e batterie légère de la 25e division (voyez la feuille) se trouvait dans un joli petit bois clair de hêtres et de noisetiers, sur la lisière duquel s'étendait celle des soldats, en forme de fer-à-cheval, des écuries des chevaux de trait pratiquées dans le bois. Elle avait été construite avec beaucoup d'art par quelques canonniers, couvreurs de profession, qui avaient employé à cet usage les tuyaux des champs de blé. Les tables, les chaises, la porte même (un tableau à l'huile représentant Jésus sur la croix) avaient été trouvées dans le pillage du château abandonné. Le tout présentait une habitation très logeable.

## XXVIII

### *Dans la contrée de Lionwawitschi*

le 13 août 1812.

L'Empereur, à qui tout devait faire présumer que toute l'armée russe se trouvait en face de ses cantonnements entre la Duna et le Dnieper, et qu'elle menaçait son centre, prit le parti d'abandonner au plus vite sa ligne d'opération de Witebsk, et prenant celle de Minsk, de jeter 180.000 hommes à la vue de l'ennemi sur son flanc gauche et sur ses derrières, pour le couper, s'il était possible, de Smolensk, de Moscou et de tout le sud de la Russie. Ce fut le 12 août que commença ce mouvement général. Les gardes, la cavalerie de Murat, trois divisions du 1er corps, le 3e et le 4e corps se portèrent sur le flanc droit vers le Dnieper pour se rendre sur la rive gauche de cette rivière. Nous quittâmes aussi ce même jour notre camp de Liozna, et, après une pénible marche de deux jours, nous arrivâmes le 13 août au soir, par Bernowitschi et Lionwawitschi, dans le voisinage du Dnieper.

BOURDON & KEILHAUER

PASSAGE DU BORYSTHÈNE, LE 14 AOUT 1812.

## XXIX

### *Passage du Borysthène*

le 14 août 1812.

Dans la matinée du 14 août, le 3e corps d'armée, après une courte marche, atteignit la rive droite du Borysthène, non loin de Khomino, situé sur la rive gauche. Toutes les dispositions étaient faites pour le passage. Trois rampes, pratiquées dans les bords élevés et escarpés, conduisaient au fleuve : deux pour l'artillerie et la cavalerie, et la troisième pour l'infanterie. Celles-là devaient passer la rivière par un gué, celle-ci sur un pont de chevalets. D'innombrables parcs d'artillerie et des convois de tout genre étaient stationnés sur la rive droite, attendant le passage ; la presse était horrible : troupes, convois et parcs, tout voulait gagner les rampes, parce qu'il n'y avait personne pour régler l'ordre du passage, et que chacun cherchait à passer le premier. Le désordre devint encore plus grand, lorsque, de fois à autre, on entendit des coups de canon ; tout s'empressa alors d'atteindre la rive gauche, pour pouvoir enfin, après tant de marches pénibles, se mesurer avec l'ennemi. Cette canonnade venait de l'avant-garde de Murat ; elle chassait devant elle quelques détachements de cosaques, qui cherchaient, sur la route de Krasnoï, à détruire les ponts jetés sur les eaux qui tombent dans le Dnieper.

## XXX

### En avant de Krasnoï

le 14 août 1812.

Dans l'après-midi du 14 août Murat et Ney arrivèrent à Krasnoï, petite ville à 46 verstes de Smolensk qu'un régiment d'infanterie russe chercha à défendre. Repoussé de la ville par la division Ledru, il se retira en toute hâte sur une masse d'infanterie d'environ cinq ou six mille hommes, qui battait en retraite derrière Krasnoï sur la route de Smolensk, soutenue par de la cavalerie et de l'artillerie. C'était la division de Newerowsky. Le terrain sur lequel elle fut surprise, était une vaste plaine couverte d'épis, dont les uns étaient encore debout, les autres déjà fauchés et liés en gerbes ; elle se trouvait donc exposée tout entière aux charges de la cavalerie. Cependant une petite rivière à bords creusés et profonds, et ne présentant que des ponts ruinés, séparait encore les combattants ; et la difficulté de faire passer promptement ce défilé à la cavalerie en masses, donna à Newerowski le temps de se mettre aussi bien que possible en état de défense, et de former de sa division d'infanterie un seul carré de colonnes fortement serrées. A peine ces dispositions sont-elles faites, qu'il voit sa cavalerie culbutée, dispersée; elle perd sa batterie de 12, et il est lui-même pressé par des charges de cavalerie fréquentes et impétueuses. Newerowski se retire avec son carré; mais s'il échappe, c'est moins à la fermeté incontestable de ses troupes qu'il doit son salut, qu'aux attaques désordonnées de Murat, à qui son impatience ne permet point de prendre part à la coopération de l'artillerie. Car à peine la 2e batterie wurtembergeoise à cheval était-elle arrivée à la portée de la mitraille la plus efficace, à peine engageait-elle son feu pour faire brèche dans cette masse d'hommes et frayer par là un passage à la cavalerie, que chaque fois la bouillante valeur de Murat poussait régiment sur régiment devant la batterie et sur cette masse compacte, qu'il fit charger plusieurs fois le sabre à la main sans pouvoir l'enfoncer, les trouées se refermant toujours sans laisser de traces. Cette manœuvre se répète de position en position, jusqu'à ce que Newerowski trouve enfin près d'un bois un défilé, par lequel il s'échappe, ayant ses flancs et son derrière couverts; et c'est ainsi qu'après avoir perdu deux mille hommes, il vole au secours de Smolensk.

11

DEVANT SMOLENSK, LE 16 AOUT 1812.

## XXXI

### *Devant Smolensk*

le 16 août 1812.

Newerowski, avec le reste de sa division, avait gagné Smolensk (chef-lieu d'un gouvernement à 382 verstes de Moscou), et l'avait mis à couvert d'un coup de main. Cette ville, située sur les penchants des collines qui enferment des deux côtés l'étroite vallée formée par le Borysthène, est partagée par cette rivière en deux parties à peu près égales, jointes entre elles par deux ponts et par quelques gués. La partie qui se trouve à la pente de la rive gauche, et qui est la ville proprement dite, est fortifiée à la façon des Tartares ; c'est au Czar Boris Godunow qu'elle doit ses fortifications. Elle est entourée d'une muraille qui a 3.000 toises de longueur, 25 pieds de hauteur et 18 pieds de largeur avec de profonds créneaux, blanchie de chaux, et défendue par vingt-neuf tours. Outre cela il y a une citadelle d'ouvrages de terre, et des fortifications de quelques faubourgs. La partie située sur la rive droite et ornée de beaux édifices, ne peut être considérée que comme un faubourg, qui s'étend de cette rive jusque vers le haut des pentes opposées, et qui, à l'exception d'une tête de pont placée dans son enceinte, n'est point fortifiée ; son origine est postérieure à celle de l'autre.

La grande armée, suivant les traces sanglantes de Newerowski, s'approcha de la ville le 16 août avant midi sur la rive gauche, et commença à l'investir de ce côté. Les colonnes de Murat et de Poniatowski s'appuyaient à droite au Borysthène, à l'endroit où il coule dans la ville, et formaient l'aile droite de la position ; Davoust, avec le 1er corps, occupait le centre ; l'aile gauche était formée par le 3e corps sous les ordres de Ney, à droite la division Razout, au centre Ledru, et à gauche la 25e division (wurtembergeoise). La plus grande partie de cette dernière descendit plus tard au Borysthène, à l'endroit où il sort de la ville, et acheva par là l'investissement de la place sur la rive gauche.

Des détachements de ces corps repoussèrent les Russes jusqu'aux murs de la ville ; on envoya des nôtres le bataillon de chasseurs le Roi, qui éprouva des pertes assez considérables. La vieille et la jeune garde impériale se placèrent en arrière en réserve, ainsi que les Italiens sous les ordres d'Eugène.

Tout ce que, de notre position, on pouvait voir de la ville par-dessus les pieds des collines couverts de forêts et de coudraies, c'étaient les coupoles de la cathédrale de la vieille ville, une partie du Borysthène, et la suite de collines situées à l'opposite, et qui s'allongent sur la rive droite de la rivière. On apercevait de longues colonnes noires soulevant au loin des tourbillons de poussière, et marchant à pas précipités sur Smolensk. Plusieurs d'entre nous croyaient que c'était Junot et les Westphaliens, qu'on savait avoir fait un faux mouvement, et ils espéraient à chaque instant les voir attaquer les Russes ; mais bientôt les têtes de ces colonnes joignirent paisiblement la position russe. C'étaient Barklay et Bagration avec leurs troupes, et conséquemment toute l'armée russe, que jusqu'alors l'armée française avait cru avoir devant soi entre la rive droite du Dnieper et la rive gauche de la Duna, et qui, réveillée de son assoupissement par la défaite de Newerowski, accourait en toute hâte vers Smolensk pour délivrer cette ville, s'il était possible, et pour n'être point coupée de la route de Moscou.

## XXXII

### *Devant Smolensk*

le 17 août, à dix heures du soir.

Le 17 août, à la pointe du jour, la fusillade recommença sur toute la ligne; elle n'était interrompue de temps à autre que par de légères pauses, et de loin en loin par quelques coups de canon. Dans l'après-midi, elle devint continue et générale; l'empereur, s'étant rendu sur les lieux, s'assura que l'intention des Russes était, non de risquer une bataille, mais de se borner à la défense de Smolensk, où ils concentraient toujours de plus grandes masses; sur quoi il donna l'ordre d'attaquer la ville sur tous les points. Aussitôt les braves Polonais de Poniatowski, au bruit du tonnerre de leurs soixante bouches à feu, s'avancent, sur la droite, dans le faubourg situé devant eux, et cherchent à rompre les ponts qui forment la communication entre la ville et la rive droite. Au centre, Morand et Gudin, sous les ordres de Davoust, emportent les faubourgs fortifiés de la partie méridionale de Smolensk; tandis qu'à l'aile gauche, Ney, à la tête de ses colonnes accoutumées à la victoire, attaque, en s'appuyant au Dnieper, les Russes dans leur position en dehors des remparts de l'ouest. Toutes les positions des Russes sont enlevées après un combat opiniâtre et meurtrier, et ils sont rejetés eux-mêmes derrière les remparts et les murs de la ville, qui arrêtent les progrès de nos troupes. C'est en vain que le tonnerre des canons du 3e corps d'armée et de la garde fait entendre son ronflement continuel, que répète, comme un écho, l'artillerie ennemie postée sur les remparts, sur les tours et près du couvent ; c'est en vain qu'on canonne les tours et les remparts pour imposer silence à leur feu ; c'est en vain que les batteries de 12 de la garde et du 1er corps d'armée vont, à découvert et au milieu du feu d'artillerie et de la fusillade de l'ennemi, s'établir dans le voisinage de la ville, pour battre en brèche l'épais mur de l'enceinte, ce magnifique ouvrage du Czar Boris Godunow. Toutes les tentatives échouent, et l'obscurité de la nuit vient seule mettre fin à un combat qui n'a point eu des résultats proportionnés aux grands sacrifices en hommes qu'il a coûtés ; mais c'est pour faire place à un nouveau spectacle. Du milieu de la ville, dont nous n'apercevions de notre bivouac que les coupoles de la cathédrale, s'élèvent, par-dessus le plateau qui nous en cachait la vue, des colonnes de feu qui semblent sortir de la cime d'une montagne ; elles grossissent de plus en plus, et finissent par se former en une gerbe de feu, qui, changeant la nuit en jour, éclaire au loin les riantes contrées de Smolensk. Ce spectacle, joint à la douce agitation de l'air d'une belle nuit d'été, rappelait les éruptions volcaniques du Vésuve; et nous aimions à nous livrer à ces magiques illusions, sans penser aux circonstances critiques où nous nous trouvions en contemplant cette scène, et sans pressentir le moins du monde quels étaient les auteurs de l'incendie, ni quelles suites funestes il devait avoir pour nous.

# XXXIII

## *Devant Smolensk*

le 18 août 1812, à six heures du matin.

Les Russes, resserrés dans Smolensk par les attaques du 17 août, et menacés de se voir coupés de la rive droite du Dnieper, avaient, dans la nuit du 17 au 18, mis le feu à cette place forte située sur la rive gauche; puis ils l'avaient abandonnée, et détruit les ponts. Mais ils n'avaient point évacué le faubourg, qui, ayant sur la rive droite la même étendue que la ville, qu'il domine par sa position, remplit une partie de la vallée, et se prolonge sur les hauteurs qui se trouvent au delà de la rivière.

On prit, à la pointe du jour, possession des débris fumants de la ville, et notre division reçut ordre de passer à gué sur la rive droite et de s'emparer de ce faubourg.

Notre première brigade d'infanterie de ligne traversa la rivière à pas précipités, prit d'emblée la tête de pont, et, poursuivant les Russes à travers les rues, elle les jeta sur les hauteurs en face; mais ces derniers, soutenus par des forces bien supérieures et par une nombreuse artillerie, la débusquèrent bientôt du faubourg, et la repoussèrent jusqu'à la rive droite, où elle ne parvint qu'après des efforts inouïs, à se maintenir dans la tête de pont, et dans les maisons et les jardins situés au bord de l'eau.

Pour soutenir les nôtres, on fit marcher au feu la brigade d'infanterie légère et la seconde d'infanterie de ligne, qu'on posta sur la rive gauche. L'artillerie, placée en réserve près d'une chapelle hors du faubourg, qui se trouve sur la rive gauche, reçut ordre de se porter près des murs de Smolensk.

# XXXIV

## *Devant les murs de Smolensk*

le 18 août 1812.

Conformément à l'ordre que nous avions reçu, nous nous hâtâmes, autant que nos chevaux harassés nous le permettaient, de traverser, au milieu de la fusillade de l'ennemi, le faubourg situé sur la rive gauche, pour gagner péniblement, par-dessus les cadavres entassés dans les rues étroites, une colline joignant Smolensk, où nous pussions braquer nos canons contre les Russes. Conduits par le maréchal Ney en personne, nous prîmes position sur le vieux rempart délabré, entre les deux grandes tours de figure polygone, à l'endroit où les murs se dirigent de l'ouest au nord. De ce point nos regards découvraient toute la partie de la ville qui se trouve sur la rive droite du Dnieper, et nous pouvions enfiler dans toute sa longueur une des rues principales, où l'affluence des Russes était la plus grande. Ce fut ainsi que, secondés par une batterie française d'artillerie légère, placée à notre gauche, nous réussîmes à fixer le combat. Mais il nous fut impossible de déloger les Russes des maisons et des jardins, et même de derrière les saules plantés sur la pente de la rive droite, et d'où leur fusillade incommodait beaucoup notre position. Ils s'y maintinrent opiniâtrément jusque bien avant dans la soirée, que l'excessive chaleur de l'incendie, devenu général dans cette partie de la ville, vint enfin débusquer et amis et ennemis.

Quelques canonniers, épuisés par les efforts qu'ils n'avaient cessé de faire, épuisés par la brûlante ardeur d'une belle journée d'été, et en proie à une soif dévorante, parvinrent à découvrir, non loin d'eux, dans une des maisons de la ville, une jeune russe, qu'ils obligèrent à leur apporter de l'eau. Intimidée par l'aspect des guerriers étrangers, épouvantée par le tonnerre du canon et par le sifflement importun des balles, cette pauvre fille tremblante approcha, à contre-cœur et à pas tardifs, de ce lieu d'horreur et de destruction, en passant par-dessus les débris d'armes de ses compatriotes. Cependant elle n'eut que la peur pour tout mal, car, après nous avoir plusieurs fois apporté de l'eau au risque de perdre la vie, elle retourna saine et sauve dans le sein de sa famille, inquiète sur son sort.

# XXXV

## *Près des murs de Smolensk*

le 18 août 1812.

A peine le faubourg situé sur la rive droite du Dniéper eût-il été emporté par nos vaillantes troupes, que celles-ci se virent assaillies de tous côtés par un ennemi bien supérieur en nombre. Quelques pièces accoururent en toute hâte au secours des nôtres, et attirèrent sur elles le feu foudroyant des Russes. Bientôt nous eûmes braqués nos canons où naguère étaient encore postés les bataillons ennemis. Des débris de leurs armes, dont la terre était jonchée, nous annoncèrent avec quel acharnement on s'était disputé ce point. Plus d'un boulet pénétra dans nos rangs, et vint sillonner la plaine ; la terre et les pierres volaient autour de nous avec la rapidité de la foudre ; et tel qu'avait épargné le boulet meurtrier, et qui croyait le péril passé, était encore blessé par les éclats qui fendaient les airs, et par les boulets qui allaient frapper les murs, et rejaillissaient sur les derrières de notre position.

## XXXVI

### Devant les murs de Smolensk

le 18 août 1812, à cinq heures du soir.

Le soir avait ramené le repos dans notre position. Notre journée était à peu près achevée ; et, à l'exception de quelques coups de canon, nous restâmes dès lors spectateurs oisifs des escarmouches qui continuaient à se livrer, pour ainsi dire, sous nos pieds. C'était à cela qu'avaient peu à peu abouti tous ces grands efforts des Russes ; car le feu, qui avait éclaté en plusieurs endroits dans le quartier de la ville situé sur la rive droite, avait fait de tels progrès vers le soir, que les rues ne pouvaient plus contenir de plus grandes masses. Ce feu provenait-il d'un de ces accidents inséparables d'un combat livré dans des rues ; ou bien avait-il été allumé par les Russes eux-mêmes, qui auraient voulu par là arrêter nos progrès, et détruire les provisions entassées dans la ville ; ou enfin doit-il être attribué à ces deux causes réunies ? C'est ce qui est encore une énigme aujourd'hui.

Cependant les nôtres s'étaient reportés sur la rive droite

dans le voisinage de la tête de pont, qu'ils avaient même occupée.

Pendant que ces choses se passaient sur la rive droite, les différents corps de la Grande Armée s'approchèrent des pentes des hauteurs de la rive gauche; et, au bruit de leurs instruments de musique, ils se mirent à défiler vers le Borysthène, et à se rassembler pour passer ce fleuve le lendemain.

L'aspect imposant de ces masses éblouissantes, le son guerrier de toutes leurs musiques, le ronflement sourd des canons russes, qui, des hauteurs situées en face et surtout de celle du couvent, lançaient à des intervalles égaux leurs foudres sur les troupes qui descendaient, les éclats plus rapprochés et plus clairs du tonnerre des canons français, qui cherchaient à imposer silence à ceux des Russes, tout cela, par un des plus beaux jours du mois d'août, sous un ciel dégarni de nuages, au milieu des plaines riantes de Smolensk, éclairées par les feux du soleil couchant, produisait sur l'âme une impression magique qu'il est impossible de décrire et qui vivra éternellement dans le souvenir de ceux qui en furent témoins.

## XXXVII

### *Devant les murs de Smolensk*

le 18 août 1812, à dix heures du soir.

Après des pauses plus ou moins longues, le ronflement du canon s'était enfin tu; et, vers dix heures, la fusillade même avait cessé; car l'incendie, dont les progrès allaient toujours croissant, avait séparé les combattants, et s'était rendu maître du champ de bataille. Le dernier coup de canon du 18 août était tiré; il n'y avait plus de combat. Un silence profond, que n'interrompait que le bruissement des flammes qui dévoraient les maisons, succéda dès lors au tumulte de cette journée orageuse. Nos troupes se rassemblèrent pour se reposer des fatigues de cette même journée. Cependant nous eûmes à regretter une foule des nôtres; un grand nombre de ceux qui, le matin, gaillards et pleins d'espérance, avaient quitté avec nous les bivouacs, n'y étaient plus rentrés.

Ils gisaient au delà du fleuve, dans la ville embrasée, tombés à l'assaut de la tête de pont, ou dans les combats qui s'étaient engagés dans les rues. Heureux encore, si une prompte mort avait terminé leurs jours! si, couchés dans les rues, blessés, sans secours, atteints par les flammes, dont rien ne pouvait arrêter les progrès, ils ont été lentement consumés par ce brasier dévorant!

A dix heures, toute la partie de la ville située au delà de la rivière n'était plus qu'une flamme, qui, réfléchie dans le miroir des eaux du Borysthène et dans l'éclat pourpré des murs et des tours antiques et tartares de la sainte cité, éclairait au loin la contrée et y répandait le jour. Cependant ce spectacle fut de courte durée : car avant minuit le feu fut éteint; et tout ce quartier, le plus beau, le plus riche de Smolensk, qui le matin encore jouissait d'un calme profond et se présentait dans toute sa majesté, n'offrait plus qu'un monceau de cendres brûlantes et de décombres fumants.

## XXXVIII

### *Smolensk sur la rive droite du Borysthène*

le 19 août 1812.

Nous avions fait le 18 août, ainsi qu'il a déjà été dit, des efforts inutiles pour débusquer les Russes des jardins et de derrière les saules qui bordaient la rive droite du Dniéper. Ils ne se bornaient pas à entretenir une vive fusillade contre notre infanterie, qui occupait les maisons et les jardins situés sur la rive gauche; ils incommodaient encore, par leur proximité, notre artillerie, qui avait pris position au pied des murailles de la ville. Parmi ces tirailleurs ennemis, il y en eut un qui se distingua par son audace et sa persévérance. On eut beau diriger contre lui une fusillade bien nourrie, faire jouer une pièce française de 4, qui se trouvait sur notre flanc gauche et qui s'attacha à fracasser, dans l'acception propre du mot, les saules derrière lesquels il s'était réfugié; on ne parvint point à lui imposer silence. Ce ne fut que quand il commença à faire obscur qu'il discontinua son feu; nous croyions que l'embrasement, qui était devenu général sur la rive droite, l'avait contraint à se retirer. Il n'en était pourtant rien.

Lorsque, dans la matinée du 19, nous passâmes sur cette rive, non loin des saules dont il vient d'être parlé, et que nous visitâmes la place qu'avaient occupée les chasseurs russes vis-à-vis de nous, nous trouvâmes l'intrépide tirailleur : c'était un sous-officier du régiment de ces chasseurs; il était étendu sous ces débris de saules fracassés, et n'avait pas quitté le poste qu'il avait défendu la veille si glorieusement et avec tant de bravoure. Un boulet de canon lui avait donné la mort.

## XXXIX

### *Sur la Stabna*

le 19 août 1812.

Quelle horreur vint frapper nos regards lorsque, dans le faubourg de Pétersbourg, nous traversâmes les lieux où l'incendie avait exercé ses ravages! Nous marchions entre des décombres et des monceaux de cendres, sur des ruines fumantes et par-dessus des centaines de cadavres consumés par le feu. Nous reconnaissions avec douleur aux visières des casques, que les flammes n'avaient pu dévorer, que beaucoup de ces corps à moitié réduits en charbons, étaient les restes de nos frères d'armes et de nos compatriotes, qui, ayant trouvé la mort ou ayant été grièvement blessés dans le combat qui, la veille, s'était livré dans ces rues, étaient devenus la proie des flammes.

Nous n'avancions qu'avec précautions, nous attendant à chaque instant à rencontrer l'arrière-garde russe ou quelque embuscade; enfin nous atteignîmes la porte du faubourg devant laquelle se séparent les deux routes qui conduisent l'une à Pétersbourg et l'autre à Moscou. Après qu'on les eût reconnues toutes deux, le 3e corps trouva les

Russes sur la route de Moscou, qui suit le cours du Dniéper, à une petite lieue au-dessus de Smolensk. Ils occupaient, dans la vallée de la Stabna, petite rivière qui se jette dans le Dniéper, la rive gauche de cette petite rivière, dont ils avaient rompu les ponts, le village qui porte le même nom, et les hauteurs situées sur la rive opposée; ils nous reçurent en dirigeant sur notre front et sur notre flanc gauche une canonnade meurtrière.

Le maréchal Ney fit sur-le-champ avancer les divisions Razout et Ledru, en colonne de compagnie, sur la route de Moscou; la 25e division reçut ordre de se déployer en ligne sur leur gauche; l'artillerie du 3e corps opposa son feu à celui de l'artillerie ennemie; puis on marcha à l'attaque de la position des Russes. Ceux-ci, débusqués de leur position au bout d'une petite heure, en prirent une autre derrière Valoutina-Gora, pour opposer une nouvelle résistance plus rigoureuse aux progrès de nos troupes.

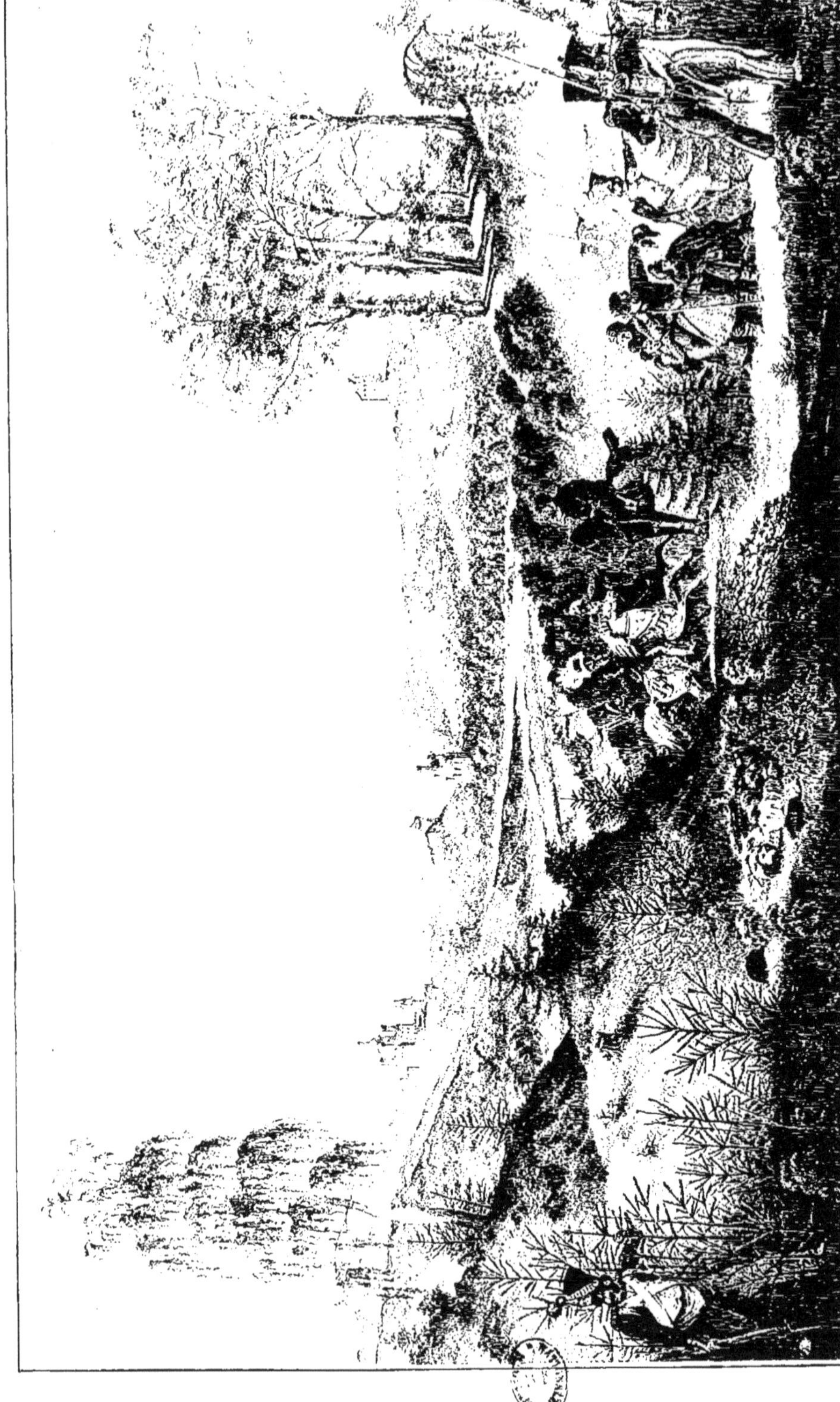

# XL

## Entre Smolensk et Valoutina-Gora

le 19 août 1812.

Après l'affaire de la Stabna, on rétablit les ponts qui avaient été détruits, et l'on se porta en avant avec toute la célérité possible, le 3e corps d'armée en tête, tant sur la grande route de Moscou que par les hauteurs couvertes de bois situées sur sa gauche, pour écarter de cette route, en tout ou en partie, l'armée russe qui battait en retraite.

Notre artillerie reçut ordre de gravir les hauteurs garnies de bois. Cette commission ne pouvait être que pénible avec un attelage épuisé; mais nous en fûmes richement dédommagés par la vue magnifique de la vallée du Borysthène; et le temps qu'il fallut pour atteindre le sommet, me permit d'esquisser le tableau de cette vallée.

Le devant du tableau était formé par les bords des hauteurs que nous venions de gravir; nous voyions au milieu de la vallée du Dniéper, située à nos pieds, et par où s'avançait, en longue colonne, l'armée débouchante de Smolensk, les chaînes des collines pittoresques qui, à droite et à gauche, longeaient le Borysthène, terminaient le tableau et en formaient le fond. Des pentes de la rive gauche on apercevait Smolensk avec sa superbe cathédrale et son mur d'enceinte d'une blancheur éblouissante; elle était voilée par la fumée de l'incendie qui la dévorait ainsi que par celle qui sortait du vaste faubourg situé sur la rive droite. Ce faubourg, qui n'offrait en grande partie qu'un monceau de décombres, était masqué par les saillies des hauteurs qui côtoyaient cette rive, et ne montrait que son couvent bâti sur leur plateau. Dans les journées du 17 et du 18 août, ce couvent avait été l'un des points principaux de la position russe sur ces hauteurs; c'était de là que, pendant ces deux jours, deux batteries de vingt pièces chacune lançaient sans relâche leur foudre, tant pour ruiner les batteries françaises qui cherchaient à rompre le pont de communication entre la ville et le faubourg, que pour rendre plus difficiles notre descente à la rive gauche et notre passage à la rive opposée.

# XLI

## *Près Valoutina-Gora*

le 19 août 1812.

Le 3e corps d'armée, la 11e division en tête, suivit l'arrière-garde russe, qu'il joignit, après quelques heures de marche dans la position de Valoutina-Gora, bien décidée à accepter une bataille.

Barklay, ne voulant point, sous les canons de l'armée française, commencer la retraite de Smolensk sur la route qui conduit de cette ville à Moscou, s'était retiré sur celle de Pétersbourg. A deux et à quatre lieues de Smolensk, sur la droite, deux chemins, partant de cette dernière route, vont rejoindre celle de Moscou, l'un derrière Valoutina, près de Bredechino, et l'autre plus loin, près de Slobpnewa. C'était sur ces chemins de communication que Barklay, décrivant un grand arc, cherchait à atteindre la route de Moscou, et déjà il allait l'enfiler avec ses colonnes, lorsque Ney, s'avançant sur la corde de cet arc, arriva au défilé de Kolowdnia, n'ayant plus qu'à passer ce défilé et le plateau de Valoutina pour couper les colonnes russes de la route de Moscou. Il était de toute urgence pour les

Russes d'opposer une vigoureuse résistance. Ils avaient reconnu toute l'importance de ce moment décisif; aussi avaient-ils rappelé les divisions les plus avancées, considérablement renforcé leur arrière-garde et choisi une position qui, forte par la nature du terrain, était facile à défendre.

Près de Valoutina-Gora, une chaîne de hauteur traverse la route qui mène de Smolensk à Moscou; leurs flancs escarpés et boisés sont tournés vers la route. La Kolowdnia baigne le pied de ces hauteurs, qu'entoure un cordon de bois de plusieurs centaines de pas de largeur, entrecoupé de fossés et de ruisseaux; c'est un terrain marécageux comme la vallée de prairies située en face et inaccessible à l'artillerie et à la cavalerie. La route de Smolensk conduit, au moyen d'un pont, au delà de la Kolowdnia, et, passant en ligne presque perpendiculaire par ces hauteurs boisées, elle traverse le plateau de la montagne. Les Russes avaient garni ce plateau d'une infanterie formidable; ils y avaient braqué des canons de gros calibre, dont le feu efficace balayait et la route et la vallée située en face; ils avaient jeté plusieurs milliers d'hommes d'infanterie dans le cordon de bois qui ceint le pied de la montagne. Ney, trop faible pour attaquer avec ses trois divisions, s'était borné d'abord à un engagement d'artillerie et à des escarmouches; mais, lorsqu'après cinq heures du soir, arriva la division Gudin, du 1er corps, envoyée par l'Empereur, il disposa l'attaque et conduisit les troupes au combat, qui devint meurtrier.

La résistance des Russes fut aussi opiniâtre que nos attaques furent impétueuses. Ils firent les plus grands efforts pour procurer à leur armée le temps d'opérer sa retraite; ils étaient sans cesse relevés par des troupes fraîches. Ce fut encore un bonheur pour eux que Junot, posté sur leur flanc gauche, restât dans l'inaction. Les assauts se succédaient sans relâche; ils furent longtemps infructueux, et suivis de pertes considérables. Gudin lui-même tomba à la tête de sa division, près du pont de la Kolowdnia, atteint d'une blessure mortelle. Ce ne fut que quand les batteries du 3ᵉ corps d'armée furent arrivées, et que, sur la hauteur, à gauche de la route, elles eurent ouvert un feu efficace, quand Ney, enfin, eut conduit les réserves à l'attaque des bois, et que la lune depuis longtemps éclairait de ses rayons le champ de bataille jonché de cadavres, ce ne fut que vers onze heures de la nuit que le feu cessa et que les Russes commencèrent la retraite.

Toutes les troupes campèrent sur la place même où elles s'étaient trouvées à la fin du combat, au milieu des morts et des blessés. Beaucoup de ces derniers s'étaient traînés jusqu'à nos feux et étaient venus participer à nos repas; nous les trouvâmes morts le lendemain à notre réveil.

## XLII

### *Au bivouac derrière Valoutina-Gora*

le 22 août 1812.

Le 20 août, lendemain de l'affaire de Valoutina-Gora, nous avions abandonné nos bivouacs sur le champ de bataille jonché de cadavres, pour camper sur un plateau à une lieue derrière ce champ de bataille, à droite de la grande route. Trois jours de repos succédèrent aux sanglantes journées de Smolensk et de Valoutina-Gora. On nous annonça que nous serions passés en revue par l'Empereur, qui, dès le lendemain du combat de Valoutina, avait déjà fait, sur le champ de bataille, la revue des autres divisions de Ney et de celle de Gudin. Ce repos apparent attira, quoique en petit nombre, de leurs retraites les habitants qui avaient pris la fuite; ils se rendirent un à un dans notre bivouac, et y trouvèrent bien des curieux qui, par des signes et au moyen de quelques mots russes qu'ils avaient appris, cherchèrent à lier conversation avec eux.

# XLIII

## Entre Dorogobouje et Slawkowo

le 27 août 1812.

Après nous être arrêtés trois jours dans le camp derrière Valoutina-Gora, nous en partîmes le 23 août et suivîmes l'armée russe sur la grande route, en faisant des marches qui étaient d'autant plus insupportables, que la chaleur et la poussière étaient excessives, et que nous étions sans cesse heurtés par d'autres troupes qui, marchant par colonnes à côté les unes des autres, tendaient toutes au même but. Ce fut ainsi que, le 26 août, nous arrivâmes enfin dans l'après-midi à Dorogobouje sur la rive gauche du Dniéper; cette ville était, comme Smolensk et tant d'autres, la proie des flammes, et en grande partie réduite en cendres. Nous la quittâmes après une halte de quelques heures, pour bivouaquer à quatre lieues plus loin, et le 27 nous continuâmes notre marche sur la grande route dans la direction de Wiazma. La foule toujours croissante des traîneurs, qui ne pouvaient suivre ces marches rapides, ou qui, chargés de vivres, cherchaient à rejoindre les troupes, témoignait de l'épuisement de la Grande Armée et marquait son chemin; de même que la disparition des Juifs et de l'architecture orientale des églises grecques était un signe certain que nous venions de fouler le sol de l'antique Moscovie.

17

# XLIV

## *Slawkowo*

le 27 août 1812.

Vers le soir nous passâmes devant une belle maison de campagne, située à gauche de la route au delà du défilé d'un bois; il en sortait une musique qui vint frapper nos oreilles. C'était la gentilhommière de Slawkowo, où Napoléon avait établi son quartier général, et qui, à notre retraite, devint la proie des flammes; elle était occupée par la garde impériale, ainsi que la contrée d'alentour. Napoléon, pour assurer sa ligne d'opérations qui s'étendait de plus en plus, envoya de là au maréchal Victor, duc de Bellune, lequel se trouvait sur le Niémen, l'ordre de se porter sur Smolensk avec son corps, d'y asseoir le centre de sa position, et d'occuper avec son aile droite Mohilef, et avec l'aile gauche Witebsk.

# XLV

## *Aux environs de Semlewo*

le 28 août 1812.

Le 28 août, l'armée traversa la grande plaine de Wiazma. La marche était rapide; infanterie, artillerie, cavalerie, tout était pêle-mêle, tout se pressait, parce qu'on espérait qu'il y aurait une bataille près de Wiazma. Des deux côtés de la grande route s'avançaient l'infanterie et la cavalerie en larges colonnes serrées; sur la grande route l'artillerie, les ambulances et les convois, qui en occupaient toute la largeur.

D'épais nuages de poussière planaient sur toute cette masse, et il était rare qu'une halte ou un léger souffle du vent nous permît de reconnaître ceux qui marchaient à côté de nous ou devant nous; plus rarement encore nous pouvions distinguer la contrée que nous traversions en si grande hâte. Ce fut ainsi que nous atteignîmes sur le soir Semlewo, dont l'église de bois d'une architecture bizarre s'élevait au-dessus des nuages de poussière rougis par le feu du soleil couchant.

## XLVI

### *Au bivouac devant Wiazma*

le 30 août 1812.

Le 28 août, Murat et Davoust s'étaient approchés de Wiazma, petite ville d'environ 15.000 habitants, située près de la rivière de même nom, et y avaient rejeté l'arrière-garde russe. L'ennemi avait, dans la nuit du 28 au 29, détruit les ponts de la Wiazma, mis le feu à la ville, ainsi qu'ils l'avaient fait précédemment à Smolensk et à Dorogobouje, et puis il s'était retiré à Ghyacz en suivant la grande route, et emmenant avec lui la plus grande partie de la population. Le 29, à la pointe du jour, Caulaincourt pénétra dans la ville par un gué. Deux bataillons du 25e régiment parvinrent, après de grands efforts, à étouffer le feu et à sauver les trois quarts des maisons. Dans la soirée du même jour, nous arrivâmes nous-mêmes à Wiazma avec le 3e corps d'armée, après une marche pénible à travers un sable profond. Cependant nous ne vîmes pas la ville, que nous cachait une ondulation du terrain. Ce ne fut que le 30, quand nous eûmes passé cette ondulation, pour nous rapprocher du pont qu'on s'occupait à rétablir, et pour être plus à même de marcher en avant, que Wiazma se présenta à nos regards, sur une vaste étendue, éclairé par les rayons magiques de la lumière naissante, avec le luxe oriental de ses églises et de ses couvents, dont les tours et les dômes, dorés par le soleil levant, perçaient à travers la fumée des édifices incendiés, qui s'était amassée au-dessus de la ville.

## XLVII

### *Dans Wiazma*

le 30 août 1812.

Dans la matinée du 30 août, les ponts de la Wiazma étant enfin rétablis, nous abandonnâmes notre bivouac devant Wiazma, et traversâmes cette ville, dont la plus belle partie était en cendre. Depuis quelques jours l'Empereur se montrait plus souvent, ainsi qu'il avait coutume de le faire quand il espérait une nouvelle bataille; nous l'aperçûmes aussi ici assis devant une des dernières maisons du faubourg de l'Est, entouré d'une partie de sa suite et s'entretenant avec un gentilhomme russe en faisant défiler les troupes devant lui.

Après une heure et demie de marche, nous prîmes position sur la droite, à côté de la grande masse, et nous bivouaquâmes dans cette position.

# XLVIII

## *Au bivouac*

le 31 août 1812.

Derrière Wiazma la contrée commença à redevenir plus fertile. Notre marche sur Ghyacz nous mena en partie par des plaines riantes et des villages bien bâtis, que les Russes, dans leur retraite, avaient négligé de détruire; mais ils n'y gagnèrent rien : ils disparurent la plupart sous le torrent de la Grande Armée qui vint les inonder.

Ce fut ainsi que le 3e corps d'armée, campé le 31 août à gauche de la grande route, dans les champs, couverts d'une moisson dorée d'un gros village, dont la maison seigneuriale était devenue le quartier général du maréchal Ney. Les champs, cultivés avec tant de soins, les maisons, si propres et si riantes, le château, si beau, quoique bâti en bois, selon l'usage du pays, avec son parc magnifique, annonçaient l'aisance du seigneur du village et des habitants, qui, à notre arrivée, avaient tout abandonné. Un seul jour de bivouac, et toutes les richesses de ces belles plaines se trouvèrent fauchées, triturées, détruites; le bois de ce beau parc abattu, et, à notre départ, qui eut lieu le 1er septembre, le ravissant tableau de la ville était entièrement effacé.

## XLIX

### *Bivouac devant Ghyacz*

le 2 septembre 1812.

Le 1er septembre, nous arrivâmes devent Ghyacz, où se trouvait le quartier général de l'Empereur, et nous assîmes notre camp non loin de la ville, sur la lisière d'un bois de sapins. Toute l'armée était concentrée en cercle autour de Ghyacz, parce qu'à la nouvelle que les Russes venaient de recevoir Kutusow pour chef, et que ce général paraissait intentionné d'accepter une bataille sur les rives de la Moskowa, nos troupes avaient obtenu quelques jours de repos pour se disposer au combat et pour réorganiser les corps. Cette dernière mesure était de toute nécessité, car les régiments, les bataillons et les compagnies étaient, pour la plupart, surtout dans le 3e corps d'armée, tellement diminués en nombre, qu'on ne pouvait plus guère les regarder que comme des unités en tactique. C'est ainsi qu'après la réorganisation effectuée, nos trois brigades d'infanterie ne formèrent plus que trois bataillons : un bataillon de troupes légères et deux bataillons de ligne.

Deux régiments portugais, qui faisaient aussi partie de notre corps d'armée, se trouvaient dans le même état. Amenés des extrémités de l'Europe occidentale, offrant, pour la stature, la physionomie, le teint et les coutumes, un contraste frappant avec les autres troupes, ils semblaient plutôt appartenir à une armée africaine qu'à une armée européenne. Ils avaient, comme tous les autres corps, franchi le Niémen au grand complet, mais ils avaient beaucoup souffert aux journées de Smolensk et de Valoutina; et, de toutes les troupes, c'étaient peut-être celles qui, pendant le cours de la campagne, avaient le plus souffert de l'intempérie d'un climat rigoureux, des privations et des fatigues de tout genre; aussi n'étaient-ils plus qu'en petit nombre, réduits au-dessous du quart de leur état primitif, quand ils vinrent devant Ghyacz établir leur bivouac à côté du nôtre. Mais, peu de jours après, ce faible reste disparut encore. Tombés glorieusement à l'assaut des redoutes de Séménowskoï, ils couvrirent de leurs corps, ainsi que des milliers de leurs compagnons d'armes, les plaines ensanglantées de la Moskowa. Peu d'entre eux virent l'antique cité des Czars, avec ses nombreux dômes dorés, et ce peu encore, non accoutumé aux glaces du Nord, devint la proie des premiers frimas. Aucun d'eux n'a peut-être eu le bonheur de revoir le jardin des Hespérides et de la Lusitanie, ni de saluer les champs fleuris du paradis de la Guadiana, du Tage et du Duero.

# L

## Dans Ghyacz

le 4 septembre 1812.

Le 4 septembre, le quartier général impérial quitta Ghyacz, et toute la Grande Armée réunie commença à se mettre en mouvement sur Kolotskoï et Mojaïsk. Le silence succéda au bruit tumultueux du quartier général; cependant nous ne lassâmes pas la ville inhabitée, ainsi que nous l'avions reçue des Russes. D'après la nouvelle organisation des troupes, faite le 2 et le 3 septembre, les malades, les blessés, qu'on avait éliminés des rangs, et tous ceux qui n'avaient point été compris dans les cadres, devaient rester dans ses murs et former momentanément la nouvelle population de cette ville, qu'avaient abandonnée les habitants. Les maisons, les rues reprirent une nouvelle vie; ici, l'on voyait s'y traîner avec peine quelques habitants du camp, devenu dès lors désert, pour échanger leur précédent séjour contre une habitation dans la ville; là, d'autres avaient déjà trouvé des quartiers qu'ils avaient rendus aussi habitables que possible; d'autres encore allaient à la recherche des aliments et des commodités de la vie, dont ils avaient éprouvé une si longue privation. Il en résulta pour un moment une agitation et un mouvement calmes qui auraient pu faire supposer que Ghyacz jouissait d'une paix profonde, si les physionomies et les uniformes n'avaient point signalé trop ostensiblement la présence des légions de l'Ouest, qui, comme au temps d'une émigration, étaient venues inonder le sol de la Russie.

Cette feuille nous transporte dans la partie vers l'ouest de Ghyacz, à l'endroit où la grande route venant de Dorogobouje entre dans la ville; elle nous donne une peinture fidèle de l'architecture de cette contrée.

## LI

### *Ghyacz*

le 5 septembre 1812.

Qu'il fut de courte durée le rêve de cette paix! Les deux tiers de cette population passagère n'avaient point encore eu le temps de s'installer dans leurs habitations, qu'ils en furent derechef délogés. Dès midi, le feu prit à cette extrémité occidentale de Ghyacz, dont la feuille précédente nous a présenté un côté; poussé par un violent vent d'ouest, il étendit rapidement ses ravages jusqu'à l'extrémité opposée de la ville, dont il consuma en peu d'heures la plus grande partie, entre autres une belle rue toute pleine de bâtiments en pierre. L'étourderie des soldats et leur peu d'expérience à manier le feu et la lumière dans des maisons entièrement construites en bois avaient amené cet incendie, et ce fut ainsi que Ghyacz, qu'à notre arrivée nous étions parvenus à sauver d'un embrasement commencé par les Russes, dut voir, par nous et malgré nous, son sort s'accomplir.

## LII

### *Ghyacz*

le 5 septembre 1812.

Rien de plus grotesque que la forme du corps de garde de la barrière d'où part la route qui conduit de Ghyacz; rien de plus bizarre encore que sa peinture, ainsi que celle des palissades de la barrière. Le corps de garde est peint en échiquier et les palissades en zigzag, avec les couleurs de la Russie. La barrière est formée, d'une manière très convenable au but, de deux chevaux de frise qui se meuvent sur des roulettes et qui se joignent au milieu de la route pour la fermer. Cette barrière fut, dans les journées du 4 et du 5 septembre, le théâtre de grands mouvements de troupes; c'est par là que défila alors la grande colonne de l'armée, qui se portait sur Borodino; c'est par là que, dans une succession continuelle d'armes de toute espèce, on vit, comme des essaims bigarrés, se presser, pour marcher en avant, les guerriers de presque tous les peuples de l'Occident.

## LIII

### *Près de Ghyacz*

le 5 septembre 1812.

Devant la porte de Ghyacz, par où l'on va à Mojaïsk, nous vîmes quelques moulins à vent d'élégante construction, qui nous rappelaient plutôt la Hollande ou l'Allemagne du Nord que le sol de la Russie. Quant à la contrée, elle était déserte et silencieuse ; car la plus grande partie de l'armée y avait déjà roulé ses flots dans la direction de l'abbaye de Kolotskoï et de Borodino, pour se mesurer enfin, dans un engagement décisif avec Kutusow et son armée. On ne rencontrait plus que les traces de son passage, des chevaux abattus, des traîneurs et des habitants, qui, après l'écoulement de ce bruyant torrent, s'échappaient timides de leurs réduits hospitaliers.

## LIV

## *Sur le champ de bataille de la Moskowa devant Séménowskoï*

le 7 septembre 1812.

Une longue et sanglante lutte s'était engagée sur les hauteurs, devant les ruines de Séménowskoï, pour la possession des redoutes ; après des succès variés, elles avaient été prises, perdues et reprises. Enfin, vers midi, elles étaient restées au pouvoir du vainqueur. La redoute située à droite avait été enlevée à l'ennemi par les restes de la 25e division (Wurtembergeois). Cependant le combat continuait encore autour de ces redoutes. Les Russes amenaient toujours de nouvelles troupes des hauteurs de Séménowskoï, et repoussaient les charges de Murat. Ce fut dans une de ces retraites de sa cavalerie, que Murat, poursuivi par des cuirassiers ennemis, se réfugia pour n'être point fait prisonnier, dans la redoute conquise et occupée par la 25e division. Mais il n'y trouva point des soldats incertains, comme Ségur le dit faussement, il y trouva au contraire ces Wurtembergois qui, après un combat sanglant, s'étaient mis en possession de la redoute, et qui la défendirent jusqu'à la fin de la bataille : ces mêmes Wurtembergeois qui procurèrent à leur maréchal le titre de prince de la Moskowa, et à leur général de division celui de comte de l'Empire français.

Un feu vigoureux, dirigé de la redoute par notre infanterie légère et le feu de notre infanterie de ligne qui y était appuyée, repoussèrent bientôt les cuirassiers et dégagèrent le roi. Murat, dans son infatigable ardeur, s'élança, à la tête de la cavalerie de Bruyère et de Nansouty, sur la cavalerie ennemie, qu'il rejeta, après des charges réitérées, sur les hauteurs de Séménowskoï.

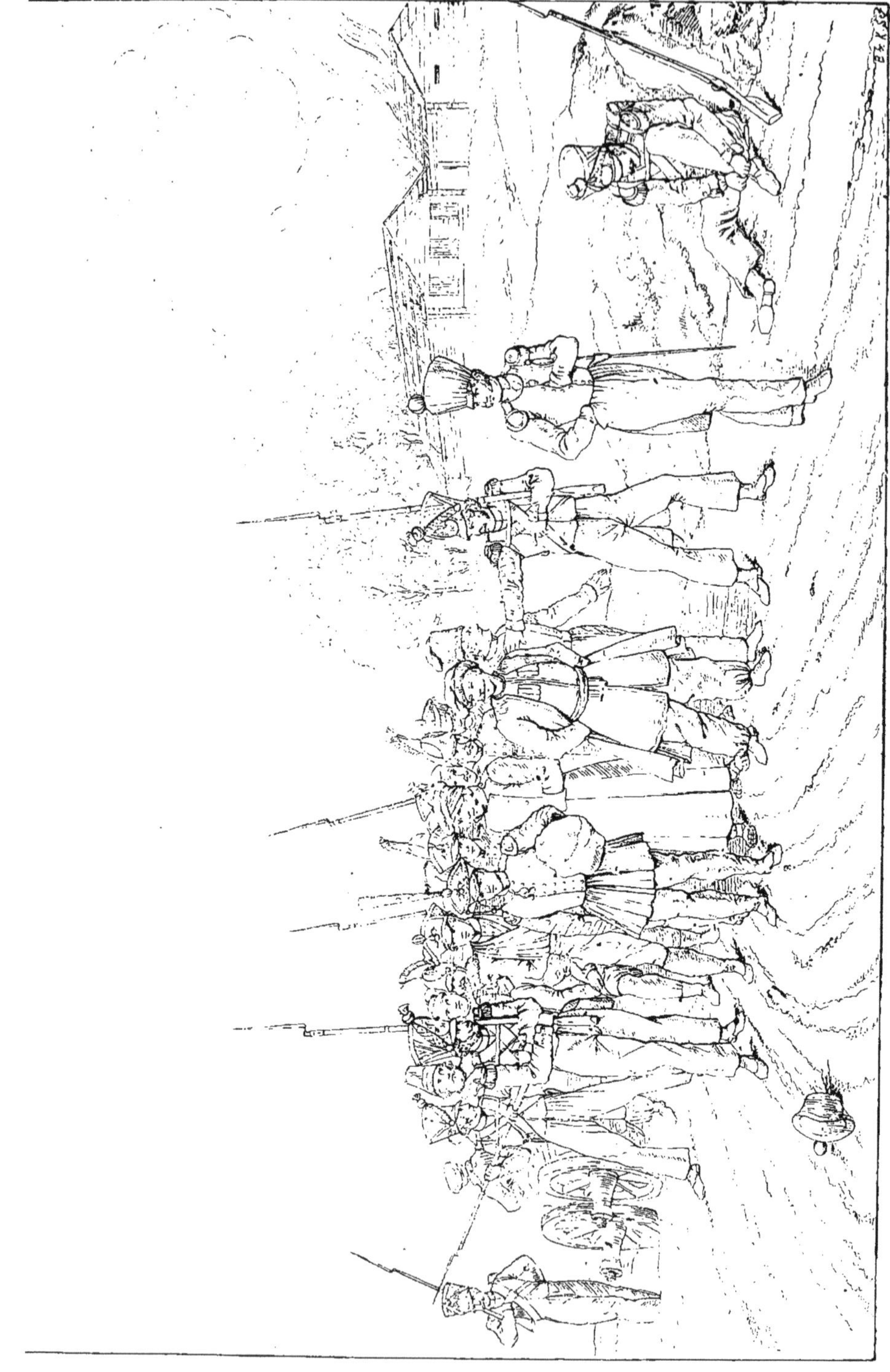

## LV

### *Près de Walnewa*

le 8 septembre 1812.

La grande bataille de la Moskowa venait d'être livrée, 120.000 combattants de chaque côté s'étaient trouvés en présence, et 1.000 bouches à feu avaient vomi toute la journée la destruction et la mort. Les Russes, repoussés de leurs positions et de leurs retranchements, avaient enfin cédé le champ de bataille ; le soir de cette journée mémorable, plus de 25.000 morts et un plus grand nombre de blessés couvraient de leur corps, entre Borodino et les ruines fumantes de Séménowskoï, la terre abreuvée de leur sang. Cependant les fruits de cette grande bataille furent presque nuls ; le vainqueur recueillit peu de trophées de cette journée sanglante. Ce qui semble avoir manqué à la bataille, c'est l'ensemble dans les opérations. Chaque corps d'armée avait complètement vaincu, et cependant l'armée n'avait point remporté une victoire décisive. On avait éprouvé de part et d'autre des pertes considérables.

L'armée russe avait été battue, mais elle n'était point détruite ; elle se retira en bon ordre ; et les vainqueurs, au lieu des fruits qu'ils s'étaient promis, l'abondance, de bons quartiers d'hiver et un prompt retour dans leur patrie, sentirent les privations après la bataille comme auparavant; Moscou, le prix de la victoire, était en flammes et n'offrait qu'un monceau de ruines ; à leur retour, victimes du froid et de la faim, ils trouvèrent la plupart la mort dans les champs glacés de la Russie.

Les trophées n'étaient pas non plus en proportion des grands sacrifices que l'on avait faits; une trentaine de pièces, en partie conquises dans les redoutes, en partie trouvées démontées sur le champ de bataille, et environ 1.000 prisonniers ; tels furent les fruits de cette victoire si chèrement achetée.

Que le sort de ces prisonniers fut déplorable ! Conduits par Smolensk vers la frontière de Prusse, en proie aux tourments de la faim au milieu de cette disette générale et souvent privés des soins les plus nécessaires, ils périrent presque tous avant d'avoir quitté le sol natal.

SUR LE CHAMP DE BATAILLE DE LA MOSKOWA, LE 17 SEPTEMBRE 1812.

## LVI

### *Sur le champ de bataille de la Moskowa*

le 17 septembre 1812.

Ce que naguère, dans un premier tableau, vos regards apercevaient à une longue distance, ils le contemplent ici à proximité dans toute son horreur, à droite du vallon de Schéwardino, où était posée la division de Morand dès le commencement de l'action. L'aspect du champ de bataille dans la fureur de la mêlée, lorsque la fougue des passions, le cri si puissant de l'honneur et du devoir, étouffent tous les sentiments d'humanité, est loin de ressembler à cet autre aspect, quand les féroces masses des troupes se sont retirées du théâtre de la victoire, et qu'il ne règne plus partout que le silence du tombeau. Les cadavres gisent amoncelés ; amis et ennemis réunis reposent dans une profonde paix. Çà et là s'agite encore un cheval abandonné, qui survit à son cavalier percé d'une large blessure. Ailleurs, on rencontre, au bout de onze jours, des corps respirant encore au milieu de la putréfaction.

Le ciel obscurci et fondant en eau, nous dérobait, comme par compassion, une grande partie de cette vaste plaine ; mais rien ne nous empêcha de voir la colline abreuvée de sang, pour la possession de laquelle les peuples s'étaient entre-déchirés avec fureur. Une colonne s'élève du milieu de la grande redoute. L'inscription nous apprit que c'était là que reposaient Caulaincourt et Montbrun, entourés de milliers de braves. La gloire de nos armes (wurtembergeoises) se rattache avec honneur à ces redoutes, car ce fut là que Murat, pressé par un ennemi supérieur, trouva un abri au milieu de nos rangs. Où, depuis des siècles, des Tartares, des Scythes et des Sarmates se livraient seuls d'obscurs combats ; là, des peuples civilisés, à la suite d'une lutte meurtrière, inscrivirent dans le livre immortel de l'histoire du monde, le nom à jamais célèbre de ce champ de victoire : Bataille de Mojaïsk, c'est ainsi que fut nommée cette bataille que n'égale aucune autre soit par l'opiniâtreté de la résistance, soit par la masse des combattants, soit par le grand nombre de morts et de blessés, soit enfin par l'étendue du terrain.

# LVII

## Le pont de la Kolotscha, près de Borodino

le 17 septembre 1812.

Le pont qui conduit immédiatement derrière Borodino, au delà de la Golotscha, vers Gorki, fut, le 7 septembre, le théâtre d'un combat sanglant.

Cette bataille mémorable avait commencé par la prise de Borodino. Le 106e régiment du 4e corps d'armée, qui avait été chargé de cette commission, entraîné par ce premier succès, au lieu de détruire le pont de la Kolotscha, après la prise de Borodino, l'avait passé au pas de charge et s'était porté en avant vers les hauteurs de Gorki. Là, pressé de tous les côtés par les forces supérieures des Russes, il avait encore eu à essuyer le feu meurtrier parti des ouvrages érigés devant Gorki, et qui fermaient le passage, rejeté avec une grande perte vers le pont, qui ne fut point entièrement détruit, grâce aux efforts du 92e régiment, accouru à son secours. Quoique, pendant et après la bataille, pour rendre le pont praticable, on l'eût déblayé en grande partie des corps qui le couvraient, en jetant tous ces cadavres dans la Kolotscha, il n'en restait que trop en certains endroits, sur les bords, tant isolés que tassés, pour offrir plus tard encore une image sensible et affreuse du combat qui s'y était livré.

DERRIÈRE BORODINO, PRÈS LA GRANDE ROUTE DE MOSCOU, LE 17 SEPTEMBRE 1812.

## LVIII

### *Derrière Borodino, près la grande route de Moscou*

le 17 septembre 1812.

Onze jours après cette sanglante bataille, la plus grande qui ait été livrée depuis que la poudre prononce dans les fureurs de Mars, nous passâmes sur le champ de carnage encore jonché de cadavres et de débris. Nos regards qui ne contemplent ici ces lugubres scènes qu'à une longue distance, ne sont point épouvantés de toutes ces horreurs de la mort qu'un second tableau leur exposera de près dans toute leur étendue. Un silence profond couvre cette contrée, où l'ange de la mort promenait naguère son glaive exterminateur. Ceux qui y ont combattu, et qui, sur la route de Moscou, ont jeté un dernier regard sur ces lieux de destruction, les reconnaîtront sans peine à l'aspect de ce tableau. A droite, dans la vallée, où le Slonetz confond ses eaux avec celles de la Kolotscha, est situé Borodino ; le dôme de son église semble regarder tristement les ruines de Séménowskoï, qu'on remarque encore à peine, sur la gauche, au milieu d'un épais brouillard. C'est entre ces deux points que la victoire fut disputée avec fureur, jusqu'à ce qu'enfin elle penchât de notre côté.

## LIX

### *Sur la grande route de Mojaïsk à Krymskoje*

le 18 septembre 1812.

Après la bataille de Mojaïsk, on déposa dans les villages situés le long de la route, une foule de blessés des deux armées. Plusieurs de ces villages furent tôt ou tard, par imprévoyance, incendiés en tout ou en partie ; et des milliers d'infortunés que leurs blessures avaient empêchés de fuir, ou qui n'avaient pu être sauvés par d'autres, devinrent la proie des flammes. Il n'était pas rare de trouver les corps brûlés couchés par rangées sur les planchers des chambres, dans le même ordre qu'ils avaient occupé étant blessés ; tandis que d'autres échappés aux flammes et souvent horriblement mutilés, cherchaient la plupart du temps d'une manière pitoyable à prolonger de quelques instants leur misérable existence.

## LX

### *Sur la grande route entre Mojaïsk et Moscou*

le 21 septembre 1812.

Depuis notre avant-dernière marche sur Moscou, nous passions par des villages dont les maisons, par leur architecture et leurs ornements, ressemblaient assez aux maisons de la Suisse ; au lieu des ouvertures et des coulisses pratiquées dans la charpente selon l'usage du pays, elles avaient extérieurement des fenêtres décorées et à grandes vitres ; l'intérieur annonçait même une aisance et un certain degré de culture d'esprit que nous n'avions point encore rencontrés jusqu'alors.

Quelques-unes de ces maisons nous prouvaient que nous nous approchions de la grande capitale.

## LXI

### *A neuf lieues de Moscou, à droite de la grande route*

le 21 septembre 1812.

A mesure que la Grande Armée se portait en avant, elle marquait son passage par de plus larges traces. Ce fut surtout après les batailles de Smolensk et de Valoutina, et plus encore après la grande bataille de la Moskowa, que ce dépérissement prit un caractère effrayant. Naguère encore la plupart de ceux qui ne pouvaient suivre, étaient des gens épuisés ou malades ; mais maintenant les routes sont jonchées de blessés, de mourants et de morts. C'étaient surtout les villages situés le long et à côté de la grande route de Kolotzkoï à Moscou, qui en étaient encombrés. Très souvent il s'y venait joindre aux morts ceux qui leur avaient survécu ; mais ils ne tardaient pas à succomber aux privations de tout genre contre lesquelles ils avaient à lutter ; ou ils trouvaient le trépas dans l'embrasement des maisons, auquel ils ne pouvaient échapper, faute de secours ; ou bien ils tombaient sous les coups soit des paysans armés qui rôdaient çà et là, soit des cosaques que Kutusow ne cessait d'envoyer sur notre ligne d'opérations. C'est ainsi que nous trouvâmes, à 9 lieues de Moscou, à droite de la grande route, les restes d'un village à demi brûlé où se trouvaient une foule de hussards français blessés ou démontés. Ne pressentant point leur fin prochaine, ils refusèrent, dans leur aveugle sécurité, à notre détachement le seul moyen qui les eût peut-être sauvés, un gîte pour la nuit; et sans se soucier du lendemain, ils se réjouirent de notre départ. Les malheureux! et cependant ce lendemain devait être le dernier pour eux; car le 22, à la pointe du jour, de nombreux détachements de cosaques vinrent tomber dans ce village et dans ceux d'alentour, et massacrèrent tous les ennemis qui ne purent trouver leur salut dans la fuite.

## LXII

### *Sur la route de Mojaïsk à Moscou*

le 22 septembre 1812.

L'épisode suivant va nous faire voir qu'il ne faut souvent qu'un heureux concours de circonstances auxquelles on était loin de s'attendre, pour tirer l'homme du péril le plus évident.

La principale colonne de l'artillerie de réserve de la 25ᵉ division, renforcée par les soldats qui étaient sortis convalescents d'un hôpital supprimé, et par ceux qui avaient été blessés légèrement à la bataille de Mojaïsk, se trouvait sur les derrières de l'armée, où elle se croyait à couvert ; elle avait l'habitude d'envoyer toujours en avant ceux qu'elle chargeait de faire les quartiers, afin de fixer pour chaque soir un lieu propre à parquer près de la grande route, et de préparer les logements pour la nuit le long de cette route ou à côté. La même chose s'était pratiquée le 21 septembre ; le parc s'était établi au bord de la route, et l'on y avait placé une garde ; la troupe et les chevaux avaient suivi les fourriers dans un grand château et un village peu distants de la route, où l'on avait préparé leurs quartiers. Mais quand on y arriva, on les trouva occupés par un fort détachement de carabiniers français, qui s'y étaient logés pendant l'absence des fourriers ; ils menacèrent de repousser par la force toute tentative de s'y établir. La même scène eut lieu dans quelques autres villages, où la réserve avait cherché à se fixer. Enfin, après de longues recherches, on parvint à découvrir, au fond d'un ravin, un petit village entièrement abandonné, dont la troupe et les chevaux prirent possession. Ce fut un bonheur pour eux ; car, à la pointe du jour, tous les autres villages, ainsi que les châteaux, furent surpris par des détachements de cavalerie ennemie, qui emmenèrent prisonniers ou sabrèrent tout ce qui ne put s'échapper par la fuite. La troupe de l'artillerie de réserve, qui n'avait aucun pressentiment de cette triste aventure, s'était mise en marche le matin pour rejoindre son parc ; elle entendit tirer derrière elle près du parc, et vit bientôt accourir, dans le plus grand désordre et à bride abattue, des carabiniers, des dragons, des hussards, poursuivis par des cavaliers ennemis, et ne tarda pas à être entraînée elle-même par le torrent dans la direction de la route.

Cependant le parc avec la troupe et les chevaux, après avoir échappé à la surprise dans ce petit village, n'en aurait pas moins été perdu sans retour, si au moment où ils atteignaient la route, un second hasard heureux n'eût amené un bataillon de la vieille garde avec de l'artillerie sous les ordres d'un général, qui, informé du danger, fit aussitôt faire halte à son bataillon, et le tourna contre l'ennemi, qui se retira; après quoi le parc se remit en mouvement sous la protection du bataillon de la garde et des convalescents, et se dirigea sur une forêt par où passe la route qui mène à Moscou.

A HUIT LIEUES DE MOSCOU, A GAUCHE DE LA GRANDE ROUTE, LE 23 SEPTEMBRE 1812.

## LXIII

### *A huit lieues de Moscou, à gauche de la grande route*

le 23 septembre 1812.

Quand on fut arrivé dans la forêt, la marche se trouva tout à coup arrêtée par une foule de caissons et de fuyards d'un parc qui avait été forcé ; ils accouraient en toute hâte. Ils avaient rencontré des cosaques dans la forêt. Cette circonstance nécessita une halte, d'autant plus que l'on entendait devant soi et sur le flanc droit un feu continuel. Pendant cette halte les fuyards s'attachèrent à la suite du parc wurtembergeois ; plusieurs autres trains de caissons, qui se trouvaient aussi en marche dans la proximité, vinrent s'y joindre, entre autres une grande réserve italienne ; de cette manière la colonne vit le nombre de ses caissons porté à plusieurs centaines. Le feu ayant cessé vers midi, et une reconnaissance poussée dans la forêt en avant et sur la droite n'ayant point fait découvrir d'ennemis, on continua à la traverser, et l'on conduisit tous les caissons dans la plaine située entre la forêt et une petite ville ; on les plaça sur deux rangs en un grand carré, que l'on entoura d'une chaîne

de postes avancés fournis par le bataillon de la garde et les convalescents.

Comme la route en avant de nous n'avait point été suffisamment reconnue, pour qu'on pût s'exposer avec une si longue file de caissons, on passa la nuit du 22 au 23 septembre dans cette position. Dans la matinée du 23, on aperçut sur la droite de grandes lignes de cavalerie, que l'on reconnut bientôt pour de la cavalerie ennemie. Voyant arriver du côté de Moscou des détachements de dragons et de lanciers de la garde, elle se borna à quelques escarmouches insignifiantes. Mais quand, vers le soir, cette cavalerie se fut portée plus à droite dans la forêt, les attaques des cosaques sur le parc devinrent plus sérieuses ; on entendit aussi à droite dans la forêt, à une certaine distance, une vive fusillade. Mais ils furent si bien reçus par le bataillon de la garde, les convalescents de la 25e division et l'artillerie du bataillon, qu'ils se retirèrent et finirent par se perdre à l'horizon. A l'entrée de la nuit, le parc de la 25e division reçut ordre de se mettre en route sur Moscou, et ce fut, selon toutes les apparences, pour sonder, aux dépens de ce parc, si la route était sûre. Une nuit pluvieuse favorisa l'entreprise ; le parc arriva, dans la matinée du 24, sain et sauf devant Moscou, sans avoir été attaqué dans sa marche ; tandis que les autres parcs, qui attendaient le résultat de la tentative du nôtre, s'étant mis trop tard en chemin, furent surpris dans leur route et enfoncés.

## LXIV

## *Moscou*

le 24 septembre 1812.

Le 14 septembre, nous avions enfin franchi les dernières hauteurs qui nous séparaient de Moscou. Dès lors, sur une étendue immense, se présenta à nos regards étonnés cette magnifique ville des Czars aux mille dômes dorés, traversée par la Moskowa. Au centre de la ville, nous aperçûmes le Kremlin et la Kitaï-Gorod, que sur la rive gauche de la Moskowa, entourait la Beloï-Gorod; la Semlaenoï-Gorod formait, sur les deux rives, une nouvelle enceinte; puis venaient, autour de tout cela, trente faubourgs enfermés par le Kamer Colleshskoï-Wal (rempart du collège des finances).

Cependant, semblable à un tableau muet, cette immense capitale s'étendait devant nous dans un morne silence. On ne voyait point la fumée s'élever des cheminées, les curieux affluer à la rencontre des étrangers victorieux, les députés de la ville venir implorer la clémence du vainqueur. Moscou avait été, ainsi que Smolensk, Dorogobouje, Wiazma et d'autres villes, abandonné de ses habitants, et Murat, poursuivant paisiblement, avec son corps de cavalerie, l'arrière-garde russe par la Moshaïskaja Sastaw, n'entendit, dans sa longue marche par les rues désertes, que le bruit des pas de ses propres chevaux.

Notre arrivée fut le signal de l'incendie. Dans la nuit du 14 au 15 septembre, les Russes mirent à la fois le feu à plusieurs quartiers de la ville, mais surtout aux boutiques de la Kitaï. Malgré tous les efforts que l'on fit pour l'éteindre, la flamme continua ses ravages jusqu'au 19 ; le 20, la catastrophe de Moscou était complète. Plus des deux tiers de ses édifices n'étaient plus qu'un monceau de décombres et de cendres ; d'immenses trésors en marchandises et en meubles étaient devenus la proie des flammes. On put dès lors descendre dans le cratère, ce vaste tombeau de nos espérances; et l'armée cantonna dans Moscou et devant la ville.

Ce que l'on ne pouvait voir du bivouac (car les innombrables coupoles dorées des églises et des tours, pour la plupart épargnées par la flamme, continuaient de briller comme avant l'incendie, éclairées par les rayons du soleil, et les brèches que le feu avait pratiquées dans les maisons de bois, étaient masquées, soit par les murs mis à nu des bâtiments en pierre) ; ce que l'on ne pouvait voir du bivouac, dis-je, présentait un aspect d'autant plus lugubre, quand on entrait dans la ville. Une odeur de brûlé, désagréable et pénétrante, avait infecté l'air qui la couvrait ; on pouvait parcourir des espaces d'une lieue d'étendue, sans rencontrer autre chose que des tas de cendre et des restes de murs provenant des maisons consumées, des rues couvertes des débris des murs écroulés, des toits de fer abattus, des cadavres gisant sous les décombres qui les avaient écrasés. Il n'y avait que le Kremlin, la Maesnizkaja de la Beloï-Gorod, des quartiers de quelques faubourgs, principalement dans la Lafertowskaja et la Serpouchowskaja, quelques palais et quelques maisons, de même que la plupart des églises et des couvents, qui, épargnés par l'incendie, s'élevaient de ce désert couvert de cendres, semblables à des oasis.

On voyait une foule de malheureux habitants de l'un et de l'autre sexe rôder dans ce labyrinthe de désolation et de néant, et des bandes de nos guerriers le parcourir en tous sens; ceux-là cherchaient à découvrir les traces de leurs foyers paternels, et à déterrer dans les jardins quelques misérables aliments, pour sustenter leurs misérables jours; ceux-ci voyaient dans ce qu'ils trouvaient une proie qui appartenait d'autant plus légitimement au vainqueur, que tous ces objets avaient été voués à la destruction par les habitants eux-mêmes. Tels que des enfants, ils se chargeaient de tout ce qui, par son éclat ou sa nouveauté, pouvait exciter leur avidité, et lorsque quelque nouvel objet leur paraissait devoir être préféré, ils jetaient derechef ce qu'ils avaient pris d'abord. Il y en eut très peu qui ne songeassent qu'au nécessaire, et surtout aux moyens de se garantir contre l'hiver de la Russie, qui approchait à grands pas. Après que ce qu'il y avait de précieux et de nécessaire eût été en grande partie dissipé inconsidérément, on songea enfin, mais trop tard, à mettre fin à ce désordre; et l'on ne permit plus d'aller dans la ville à la recherche des objets de nécessité, qu'à des détachements de troupes commandés pour ce service.

## LXV

### *La garde du parc d'artillerie du 3ᵉ corps d'armée, près la barrière de Wladimer, à Moscou*

le 2 octobre 1812.

A Moscou, le parc d'artillerie du 3ᵉ corps d'armée avait été placé d'abord en dehors du Kamer Koleshkoï Wal de la barrière de Wladimer, et sa défense avait été confiée à un poste composé de Wurtembergeois, de Français et de Hollandais, qui s'était logé dans le corps de garde de cette barrière. Plus tard, on jugea qu'il n'était plus en sûreté hors des lignes, on le rentra pour l'établir sur une grande place, et l'on choisit pour corps de garde la maison d'un bourgeois située dans le voisinage.

Ni l'un ni l'autre de ces deux emplacements choisis pour le parc n'étaient éloignés des quartiers de l'artillerie du 3ᵉ corps d'armée.

L'estampe que le lecteur a sous les yeux lui représente le corps de garde de la Wladimer Skasa Sastaw avec le poste sous les armes. Le froid des nuits et des matinées avait déjà fait recourir aux costumes les plus bizarres : le canonnier hollandais de faction était affublé le matin d'un bonnet de pelisse; il tenait ses mains enfoncées dans un petit manchon et, sous son manteau militaire, il portait encore une robe de chambre. Ces affublements étaient le prélude de ceux auxquels on eut généralement recours lors de la retraite pour se garantir du froid.

# LXVI

## L'Église de l'ancien culte, à Moscou

le 3 octobre 1812.

La grande Caserne ou l'École militaire, dans laquelle se logea l'artillerie du 3ᵉ corps d'armée pendant notre séjour à Moscou, se trouve dans le quartier dit Lafertowskaja, sur la rive gauche de la Jausa, près du pont de Soltikow et du jardin de la cour, non loin du grand parc et de la Wolodimerskaja Sastaw.

Ses magnifiques alentours se distinguent par une multitude d'arbres, chose rare en ces contrées; et offrent à l'œil des points de vue ravissants.

Ce fut ainsi qu'à la limite du quartier de la ville nommé Kagososkaja, sur la rive gauche de la Jausa, qui est élevée et couverte de buissons, nous aperçûmes une belle église qui, à demi cachée dans de charmants groupes d'arbres, présentait un aspect pittoresque; ses coupoles bleu foncé et parsemées d'étoiles d'or, s'élevant du milieu de cette belle masse d'arbres, dont les riantes couleurs portaient l'empreinte de l'automne, faisaient un effet des plus magiques. C'est l'église des anciens croyants, ainsi que nous la désignèrent les allemands qui se trouvaient à Moscou, et l'église des Raskolniki, aux dires des Russes; mais nous ne pûmes point apprendre si elle appartient aux véritables anciens croyants (Starowjeri) ou, comme on les appelle encore, aux gens de l'ancien rite (Starobradui), qui ne diffèrent en aucun dogme de l'église grecque dominante, mais seulement en quelques variantes et en quelques usages; ou bien si elle appartient aux schismatiques prononcés (Raskolniki).

## LXVII

## *Couvent de Ssimonow, à Moscou*

le 7 octobre 1812.

Dans la partie méridionale de Moscou, tout près du rempart du collège des officiers de la chambre, et à peu de distance du grand magasin à poudre, est situé sur la rive élevée de la Moskowa le couvent de Ssimonow. A l'instar de la plupart des couvents russes, il est fortifié et entouré d'une muraille tartare qui, avec les tours dont elle est garnie, présente un aspect pittoresque. Pendant notre séjour à Moscou, il a servi de dépôt où l'on a conservé les harnais de la cavalerie démontée, et, si je ne me trompe, il est devenu en partie la proie des flammes quand nous avons évacué la ville.

## LXVIII

## *Moscou*

le 8 octobre 1812.

Si, du bastion nord-ouest du magasin à poudre, on portait ses regards vers le couchant, on voyait au-dessous de soi s'étendre, sur la rive droite de la Moskowa, les quartiers ravagés par la flamme, et les restes des maisons de la Koskewnitsches-Kaja Sloboda (Sloboda de la tannerie), et au centre une de ces églises pittoresques, remarquables par leur singularité et leur variété infinie, qu'on rencontre par centaines dans Moscou, et qui annoncent le voisinage de l'Asie. Elle avait été épargnée par le feu, comme presque toutes les églises de Moscou, que leur construction massive dominant les autres édifices, la solidité de leurs toits pour la plupart recouverts de fer-blanc, et le peu de matières combustibles renfermées dans leur intérieur, avaient soustraite à la fureur de l'embrasement général, de même que le respect pour la religion les avait garanties de la rage des incendiaires. Dans l'enfoncement resplendissaient à travers les brouillards de l'automne, les édifices et les églises de la

Kolomenskaja Jamska Sloboda (Sloboda de la poste de Colomna), de même que quelques-uns de ceux de la Paetnizkaja (VIIIe arrondissement), située dans la Semlaenoï-Gorod. La Sloboda de la tannerie, ainsi que celle de la poste de Colomna, appartiennent à la Serpuchowskaja (XXe arrondissement), qui se trouve entre le rempart de la chambre des finances et la Semlaenoï-Gorod.

MOSCOU, LE 8 OCTOBRE 1812.

# LXIX

## *Moscou*

le 8 octobre 1812.

De toutes les vues de Moscou du côté du bastion du magasin à poudre, c'est celle de la partie sud-est de la ville, à peu près un tiers de l'étendue qu'elle présente sur ce point, qui offre l'aspect le plus imposant. Des décombres de la Krutizkaja Sloboda on voyait, avant tout, s'élever les restes des murs du Krutizkoje podworje (cour appartenant au couvent de Krutizka) qui, avant l'incendie, servait de caserne à une compagnie de soldats de police; derrière cette cour apparaissait, séparé seulement par le ravin qu'avait déblayé le ruisseau de Sarra, le Novo Spastkoï monastir (le nouveau couvent du Sauveur) avec son magnifique clocher, le plus grand dans Moscou après le Ivan welikoï du Kremlin. A droite, plus en arrière, s'élevaient d'une forêt d'arbres fruitiers les coupoles et les tours du Pocrowskoï monastir (couvent de l'intercession de la mère de Dieu). Toutes ces parties appartiennent à la Taganskaja (XIX^e^ arrondissement). A gauche, on voyait de la Semlaenoï-Gorod une partie des palais et des quais de la Paetnitzkaja, sur la rive droite de la Moskowa, ainsi que les églises et les places des édifices consumés de la Jauskaja (VIIe arrondissement), situées sur la rive gauche. Le fond du tableau était formé à gauche par la Kilaï-Gorod, à laquelle venaient aboutir les quartiers de la Beloï-Gorod, de la Semlaenoï-Gorod et des faubourgs qui se trouvaient à sa droite.

DANS LE VOISINAGE DE LAFERTOWSKAJA SLOBODA, A MOSCOU, LE 11 OCTOBRE 1812.

## LXX

### *Dans le voisinage de Lafertowskaja Sloboda, à Moscou*

le 11 octobre 1812.

Quand on se trouve sur la rive gauche de la Jausa, entre la grande caserne ou école militaire dont nous avons parlé plus haut (LXVII) et l'église des anciens croyants, ayant cette dernière à dos, on aperçoit à droite, vers le nord, le pont de Soltikow, qui, du faubourg des Allemands, conduit à la rue de Wosnessenskaja au delà de la Jausa vers le grand parc et à la porte de Wladimer (Wolodimerskaja Sastaw). A une grande hauteur au-dessus de ce pont, s'élèvent sur les bords de la Jausa les beaux groupes d'arbres du Jardin d'été (Jardin de la cour) de Moscou, qui, de leur feuillage haut et touffu, ombragent le grand hôpital militaire devant lequel ils se trouvent, et Lafertowskaga Sloboda. Le spectateur voit à sa gauche, près de la rue de Wosnessenskaja, les maisons qu'occupaient le quartier général et quelques officiers de la 25e division, et au fond on aperçoit dans le milieu les murs brûlés du palais impérial et de celui de Lefort, ainsi que l'église de Saint-Pierre et de Saint-Paul du faubourg des Allemands (Nemetskaja Sloboda).

# LXXI

## Moscou

le 12 octobre 1812.

A peu de distance de la Sloboda allemande, dans la direction du Kremlin, se trouvait, au milieu de maisons en ruine, une église remarquable par le nombre et la variété des petits clochers dont elle était ornée; en grande partie épargnée par le feu, elle formait, par la fraîcheur et l'éclat des couleurs de son enduit, un contraste frappant avec la destruction générale qui l'entourait, avec les couleurs rembrunies des murs dévastés par la flamme, et le sombre aspect des monceaux de cendres et de décombres. Nous ne pûmes apprendre ni le nom de la rue où était située cette église, ni celles du saint auquel elle était consacrée, parce que le peu d'habitants qui erraient çà et là, et dont la plupart avaient fait de ce lieu sacré un lieu de retraite, s'enfuyaient partout à notre aspect; d'ailleurs, les décombres étaient tellement entassés sur ce point, que la continuité des rues en était interrompue, et qu'il était impossible de découvrir les communications qu'elles avaient eues entre elles. Toutefois il nous paraît, non sans beaucoup de vraisemblance, que la rue s'appelait Staraja Basmannaja Uliza (l'ancienne rue Basmannaja) dans l'arrondissement du même nom (XV^e^), et que l'église était celle de Nikiti Mutschenika (Nicétas-le-Martyr).

## LXXII

### *Dans le jardin d'été ou jardin impérial de Moscou*

le 16 octobre 1812.

Dans la partie orientale de Moscou, près de la Sloboda allemande, du palais impérial et de celui de Lefort, se trouve le Jardin d'été ou Jardin de la cour, traversé en divers sens par la Jausa. C'est un des plus beaux points de la ville impériale, par son étendue, ses belles plantations, ses superbes groupes d'arbres et les délicieux berceaux qu'ils forment, ses îles, ses ponts et les palais qui l'entourent.

## LXXIII

### *Dans le Kremlin, à Moscou*

le 17 octobre 1812.

Plusieurs centaines d'églises, dont les coupoles resplendissantes lancent au loin des flots d'or, d'argent et de couleurs ardentes, distinguent Moscou, cette antique résidence des Czars, appelée à juste titre la Ville aux coupoles dorées. C'est un aspect enchanteur, le seul peut-être de ce genre qui se rencontre sur la terre, que celui que cette ville éblouissante, quand elle est favorablement éclairée, présente à l'œil du voyageur arrivant de l'ouest par la route de Mojaïsk, et sortant de la forêt de chênes qui couronne les dernières hauteurs. Du sein de cette masse de tours et de coupoles orientales s'élève le Kremlin, qui, outre le château des Czars, l'arsenal, le palais du sénat et la résidence du Patriarche, compte à lui seul plus de trente églises. Deux de ces églises, également intéressantes par leur ancienneté, leur destination, leur architecture et les souvenirs historiques qui s'y rattachent, se trouvent près du palais des Czars, à la terrasse de l'enceinte méridionale formée par la muraille. L'une, ornée de neuf coupoles dorées au feu et d'un toit du même métal, est adjacente au palais, et s'appelle aussi par cette raison l'église de la cour; c'est la cathédrale de l'Annonciation (Ssoborr Blagoweschtschenija Preswaetija Bogorodizji). L'autre, avec cinq coupoles argentées, est la cathédrale de l'Assomption (Ssoborr Uspensky). C'est dans cette dernière qu'a lieu la cérémonie du couronnement des empereurs.

La cathédrale de l'Annonciation fut fondée en 1397 par le grand-duc Wasily Dmitrijewitsch, et achevée en 1407. Démolie plus tard, on commença à la rebâtir en 1484. sous le règne de Iwan Wasilijevitsch; elle fut terminée et bénite en 1489. En 1697, Pierre le Grand, et en 1770, Catherine II, firent rétablir les peintures et les sculptures en conservant l'ancien style.

La cathédrale de l'Assomption fut fondée en 1325, par Pierre, métropolitain de Kiew, achevée en 1327, et bénite par Prochor, archevêque de Kostow. Détruite en 1492 par le feu du ciel, elle fut reconstruite en 1519 par le grand-duc Wasily Iwanowitsch. En 1692 le czar Iwan Fédorowitsch fit exécuter dans l'intérieur de l'église les peintures à fresque sur des feuilles d'or, et en 1773 Catherine II fit restaurer l'église.

Dans le mois d'octobre 1812 la grande place qui se trouve à l'est de cette église, dont on voit ici la peinture, était couverte de plusieurs centaines de caissons de l'armée française et de ses alliés, qui y avaient été mis en dépôt faute d'attelages; elle était tellement encombrée, que ce ne fut qu'avec peine qu'on put trouver un point convenable pour faire l'esquisse de ce dessin. Ces mêmes caissons, que l'armée, lors de sa retraite, fut obligée d'abandonner, fournirent plus tard une partie de la poudre pour les fourneaux des mines pratiquées dans le Kremlin.

## LXXIV

## *A Moscou*

le 18 octobre 1812.

Quoique, depuis plusieurs semaines, nous fussions à Moscou, ce vaste tombeau de nos espérances, le petit nombre de ses habitants ne s'en éloignait pas moins de nous avec effroi, comme si notre commerce eût été contagieux. Ils se tenaient cachés dans les décombres des palais, dans les églises, que les flammes n'avaient point endommagées; passant, comme nous, leurs jours dans l'inquiétude, et espérant des temps plus heureux. Mais quand, peu de temps après, Murat eût été surpris et repoussé avec perte près de Tarutino par le rusé Kutusow; quand, pour la première fois depuis si longtemps, la déesse de la Victoire sourit aux Russes, cette nouvelle flatteuse se répandit parmi les habitants de la ville des Czars, et excita partout la joie; pendant qu'elle portait parmi nous le découragement, elle faisait naître chez les Russes de nouvelles espérances.

## LXXV

### *A la porte de Kalouga, à Moscou*

le 19 octobre 1812.

L'Empereur s'était occupé depuis plusieurs jours des préparatifs d'un mouvement général pour quitter Moscou. Les blessés et les malades transportables avaient été dirigés sur Mojaïsk et Smolensk en suivant la route; ceux qu'on n'avait pu emmener, on les avait déposés dans le grand hospice des Enfants trouvés, sous la surveillance des médecins militaires. La cavalerie démontée, formant un corps d'environ 4.000 hommes, avait été organisée en 4 bataillons d'infanterie. L'Empereur avait passé chaque jour les différents corps en revue; mais rien n'avait encore transpiré sur l'époque du mouvement. Le 17 octobre, Napoléon avait fait la revue de la garde dans le Kremlin, et le 18 celle des divisions de Ney. Pendant cette dernière, arriva la nouvelle de la surprise de Murat, et des pertes qu'il avait éprouvées près de Winkowo. La revue fut, il est vrai, continuée et achevée; mais après avoir quitté le Kremlin pour nous rendre dans nos quartiers situés au faubourg Allemand, nous reçûmes, chemin faisant, l'ordre du départ fixé au lendemain. Ce fut le 19 que commença cette marche décisive qui devait se terminer par l'anéantissement de toute l'armée. Avant la pointe du jour toutes les troupes se mirent en mouvement, à la réserve de la jeune garde et des 4 bataillons formés de la cavalerie démontée, qui occupèrent le Kremlin sous les ordres d'Abrantès; elles traversèrent la ville en se dirigeant vers la porte de l'ancienne route de Kalouga. Il y avait une presse horrible dans les rues; les différents corps s'y croisaient. Partout le passage était obstrué par d'épaisses masses de convois, par plus de 500 canons, par 2.000 convois que traînaient des chevaux épuisés, par des files sans fin de voitures de toutes les espèces et de toutes les nations, chargées de butin et de vivres; tout cela retardait la marche. Déjà le soleil était très élevé et nous annonçait une belle journée d'automne, quand, après des peines inexprimables, nous étions parvenus à atteindre la porte de Kalouga, où nous fîmes halte, mais en vain, pour attendre deux canons qui s'étaient perdus au milieu de la presse dans les rues. Ces pièces nous rejoignirent toutefois après quelques jours de marche.

## LXXVI

### *Sur la route de Moscou à Kalouga, près de Bykassowo.*

le 23 octobre 1812.

Après de continuels et pénibles efforts, tant pour faire avancer les chevaux des attelages qui tombaient de fatigue et d'inanition que pour contenir les troupes qui marchaient en désordre et qui cherchaient sans cesse à se devancer mutuellement, nous étions parvenus, depuis notre départ de Moscou, à passer les défilés de la Desna et ceux de Krasnaïa-Pakra, et le 24 octobre nous avions atteint Czirikowo. Nous quittâmes alors l'ancienne route de Kalouga, pour nous diriger à droite et gagner, par Rudnewo, la nouvelle route qui mène à cette même ville. Ce fut dans cette marche oblique, où nous ne rencontrâmes qu'un sol argileux trempé par la pluie, que commencèrent nos pertes en voitures, en chevaux et en munitions, car nous étions parvenus, quoique avec des efforts incroyables, à amener jusqu'à Czirikowo toutes nos pièces et toutes nos voitures; mais dès lors, les chevaux étant entièrement épuisés, il fallut abandonner ou décharger les voitures, et même laisser en arrière les chevaux, à qui leur état d'inanition ne permettait plus d'avancer. L'arrière-garde brûla toutes les voitures qu'elle rencontra, pour ne rien laisser à l'ennemi. Quelquefois même on n'attendait pas l'arrière-garde pour faire sauter les caissons, ce qui souvent mettait en péril les troupes qui passaient. C'est ainsi que, dans cette marche, pendant que la réserve était occupée à décharger un caisson pour l'alléger, on vit un gendarme à cheval y lâcher son pistolet en passant et y mettre le feu. L'explosion coûta la vie au gendarme; quelques-uns de ceux qui déchargeaient furent brûlés d'une manière horrible, et ne moururent que plusieurs jours après, pendant la marche, au milieu des douleurs les plus affreuses.

# LXXVII

## *Devant Borowsk*

le 26 octobre 1812

Ce fut avec de grands efforts, et toujours pressés par notre arrière-garde, qui avait ordre de détruire tout le matériel qu'elle laisserait derrière elle, que nous arrivâmes, le 25 octobre, à nuit tombante devant Borowsk, où nous établîmes notre bivouac. Nous y trouvâmes la plus grande partie de l'armée campée, et la ville, ainsi que les villages d'alentour, tout en flammes; ce qui, avec les feux innombrables des bivouacs, offrait, au milieu de cette sombre nuit d'octobre, un aspect d'une beauté effrayante.

Dans la matinée du 26, de forts détachements de Cosaques surprirent les villages qui se trouvaient les plus proches derrière nous, le long de la route de Moscou, massacrèrent, blessèrent ou chassèrent les traîneurs qui s'y arrêtaient, et vinrent enfin se jeter sur les bivouacs mêmes de l'armée. Une légère canonnade et quelques charges de cavalerie de la garde suffirent, il est vrai, pour les écarter; mais on vit clairement qu'encouragés par les indices de notre malheur laissés sur la route, ils se conduisirent avec plus d'audace qu'ils ne l'avaient fait au commencement de la campagne.

Borowsk semble être le point où la fortune nous tourna le dos; car ce fut là que nous reçûmes, à la suite de l'affaire de Malo-Jaroslavez, l'ordre désastreux de nous mettre en marche vers Mojaïsk, par Véréjà, pour gagner de ce point la route qui mène de Moscou à Smolensk, mouvement qui commença à s'exécuter dans l'après-midi du 26. Cet ordre, qui changeait notre mouvement de flanc en un mouvement rétrograde, et qui, au lieu de nous conduire par des contrées fertiles, vierges encore des horreurs de la guerre, nous replaçait sur cette même route qu'au premier passage de l'armée on avait convertie en un désert plein de décombres et de cadavres, marqua le commencement de la retraite, et fut le signal de la destruction postérieure de l'armée. On nous montrait bien dans le lointain les quartiers d'hiver de Smolensk, et ses magasins richement approvisionnés; mais même ces quartiers d'hiver et ces magasins, nous ne pouvions les atteindre qu'après dix-huit jours de marche, continuellement aux prises avec la faim, le climat et l'ennemi.

## LXXVIII

### *Entre Dorogobouje et Mikalewka*

le 7 novembre 1812.

Enfin il avait été exécuté, l'ordre funeste qui nous prescrivait de quitter, près de Borowsk, la route de Kalouga, et de gagner à droite près de Kolotskoï, en passant par Véréjà et le champ de bataille de Mojaïsk, la route qui conduit de Moscou à Smolensk. Jusque-là, bien que nous eussions à combattre avec des difficultés de tout genre sur des chemins souvent presque impraticables, et que nous eussions à éprouver des pertes considérables en hommes, chevaux et fourgons, nous avions toujours trouvé les aliments nécessaires dans un pays échappé aux dévastations, et nous avions en grande partie gardé nos rangs et conservé tous nos canons, malgré les combats acharnés qu'il fallait livrer dans les nombreux défilés. Mais dès lors nous revenions sur un terrain qu'à notre arrivée nous avions déjà trituré, nous et nos ennemis. Cependant, favorisés encore du temps, et ne pressentant point que l'hiver fût si proche, nous espérions toujours gagner Smolensk avec une masse imposante, quels que fussent d'ailleurs les sacrifices que nous aurions à faire; Smolensk, où l'on nous faisait entrevoir des magasins bien approvisionnés et des quartiers d'hiver qui nous mettraient à l'abri du froid; Smolensk, où le corps de Victor, placé en réserve, devait nous accueillir. Ce fut ainsi que, guidés par l'espérance, nous traversâmes le champ de bataille de Mojaïsk; que nous passâmes par Ghyacz; que, le 3 novembre, nous nous fîmes jour à travers les Russes près et dans Wiazma.

Mais le 5 novembre et le 6, jour où nous passâmes par Dorogobouje, il commença de neiger de temps en temps, le ciel s'obscurcit, de gros nuages s'inclinèrent vers la terre, et enfin le 7 arriva l'hiver de Russie, accompagné de tempête et d'une épaisse masse de neige qui nous dérobait le jour : nous avancions toujours sans savoir où nous portaient nos pas, ni quels étaient nos compagnons. Une furieuse tempête nous chassait dans le visage la neige qui tombait du ciel à gros flocons, ainsi que celle qu'elle soulevait de la terre, et semblait vouloir à toute force s'opposer à notre marche. Les chevaux ne peuvent plus avancer sur un terrain glacé, et s'abattent; les convois, et, pour la première fois, les canons restent en arrière, faute d'attelages; la route sur laquelle la Grande Armée se dirige à pas précipités vers Smolensk, se jonche de cadavres d'hommes gelés. Mais bientôt la neige les a couverts comme un immense linceul, et de petites élévations, semblables aux tombeaux des anciens, ne nous montrent plus que faiblement les traces de nos compagnons d'armes ensevelis.

L'hiver de la Russie fit alors ce que n'avaient pu faire

jusque-là le manque de vivres, les fatigues de tout genre, et même notre mouvement rétrograde : les troupes se débandèrent et se confondirent. Ce n'était plus qu'un pêle-mêle d'hommes de toutes les armes, de tous les corps d'armée, marchant tantôt en groupes, et tantôt isolés. Ce n'était pas de propos délibéré qu'ils avaient quitté leurs drapeaux : le froid, la rigueur des éléments, l'amour de la conservation les avaient arrachés à leurs détachements. Elle était affreuse, la peine qu'on avait à se traîner en avant pendant la journée, surtout les canonniers, qui n'avaient pas à songer pour eux seuls, mais qui devaient songer encore à conserver les chevaux et à sauver leurs pièces. Ce qu'il y avait de plus affreux que tout cela, c'étaient les seize heures de nuit qu'il fallait passer dans les bivouacs au milieu de la neige, le plus souvent sans vivres, sans feux. Le premier de ces bivouacs d'hiver qui nous attendaient, fut celui de Mikalewka, dans la soirée du 7 novembre.

## LXXIX

### *Bivouac, près de Mikalewka*

le 7 novembre 1812.

La fatale retraite était commencée; l'antique cité des Czars n'était plus qu'un amas de ruines, et l'aigle reportait ses regards vers le sol lointain de la patrie. Tant que nous aperçûmes au-dessus de nous un ciel serein, tant que nos pieds foulèrent une terre ferme, tout alla bien. Nos légers vêtements nous garantissaient encore assez des vents d'automne, nous trouvions des vivres dans les villages écartés de la route, et le soldat, fait aux privations, avait par devers lui l'espérance d'un sort plus heureux. Mais bientôt l'azur du ciel s'obscurcit, la neige descend à gros flocons du haut des nues; le Nord, avec tous ses frimas, abandonne son palais de glace et vient fondre sur nous avec une fureur inouïe. La route avait disparu, et aussi loin que s'étendaient les regards, l'œil s'arrêtait ébloui sur une immense surface blanche, semblable à un linceul. Ce fut en vain que le fidèle canonnier, accoutumé aux fatigues, fit d'incroyables efforts pour sauver ses pièces, son bien le plus précieux. On encloua toutes celles qu'on ne pût emmener et l'on rendit au sein de la terre ce métal homicide. Après un jour de fatigues et de souffrances telles que nous n'en supportâmes plus de pareilles, nous atteignîmes à un village, dans le voisinage duquel les huttes, cachées sous la neige, nous annoncèrent que des frères d'armes nous avaient précédés et y avaient cherché un abri. Le profond silence qui y régnait nous fit présumer qu'ils avaient déjà abandonné cet asile; mais en nous approchant, ô cruel aspect! nous trouvâmes un groupe de cadavre raidis et recouverts de neige; la nuit avait arrêté le battement de leur pouls depuis longtemps épuisé. Nous vîmes en frissonnant, dans leur destinée, la déplorable destinée qui nous attendait tous dans l'immense étendue de chemin que nous avions à parcourir. C'était alors qu'il fallait réunir toutes les forces de son âme et s'armer de courage contre les horribles coups de l'avenir. La fin sinistre de notre premier jour d'hiver n'était encore que le commencement de nos maux.

# LXXX

## *Près de la route, non loin de Pnéwa*

le 8 novembre 1812.

De Mikalewka, où l'on avait fait séjour, on continua la retraite après cette première cruelle nuit d'hiver. On aurait dit un vaste torrent dont le cours lent, quoique dévastateur, mugit plus rapproché, dompte et resserre ses propres flots. Qui eût vu autrefois cette armée au passage du Niémen et se fût trouvé, par enchantement, transporté au milieu de nos rangs, ne nous eût plus reconnus, car le froid, de sa main glacée, nous avait dépouillés de nos brillantes armures; nous cheminions, sombres et mornes, comme une troupe d'aventuriers bizarrement affublés. Celui qui, au premier milliaire, porta ses regards sur la gauche, a dû être frappé d'y apercevoir un groupe rangé autour d'un triste feu attisé avec des roues et des affûts brisés, pour réchauffer les membres engourdis. Derrière ce groupe se tenait la foule des ordonnances, attentive aux moindres signes. Connaissez-vous cet homme revêtu d'une simple redingote grise, qui nous a si souvent conduits, brillant météore, au combat

et à la victoire, et que son bonnet de pelisse peut seul déguiser? C'est l'Empereur. Qui d'entre nous pourrait sonder ce qui se passe dans sa grande âme à l'aspect pitoyable de cette armée? Ses ennemis l'ont insulté et ont cherché à ensevelir sa gloire dans la poussière... O trop cruel supplice! si ce qu'il ressentait alors pouvait aujourd'hui encore, pour quelques minutes seulement, déchirer le cœur de ses détracteurs! Celui qui voit la véritable grandeur abandonnée de la fortune, oublie sa douleur et ses propres souffrances; et ce fut ainsi que nous défilâmes, dans un morne silence, sous ses yeux, réconciliés à demi avec notre sort rigoureux.

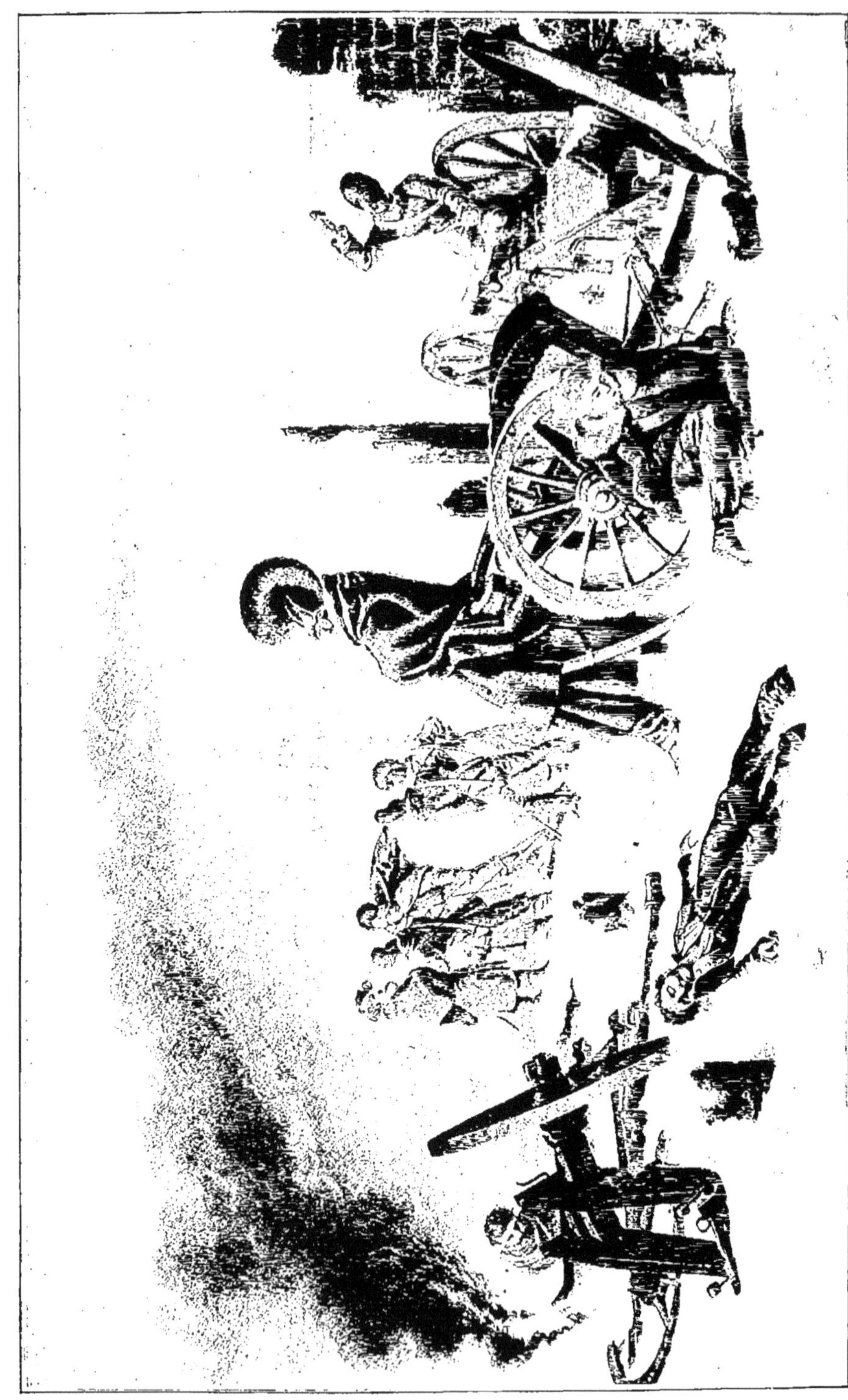

## LXXXI

### *Dans le faubourg de Smolensk,*
### *à la rive droite du Borysthène*

le 12 novembre 1812.

Après vingt jours de marche, nous étions enfin arrivés à Smolensk. Cette ville, qui, deux mois et demi auparavant, nous avait vus la traverser victorieux, nous recevait, couverts de lambeaux, dans ses murs déserts. L'espérance, par sa puissante magie, redoublait nos forces et nos efforts pour nous faire atteindre à ce premier but d'un repos prétendu. Mais que notre illusion fut de courte durée! L'armée n'y trouva ni vivres ni vêtements, pas même un abri contre les rigueurs du froid. Les derniers liens de l'ordre et de la discipline se rompirent ici : chacun ne songea plus qu'à soi-même et chercha à se procurer les moyens de prolonger ses tristes jours. On mit en pièces une partie des affûts, traînés jusqu'ici avec tant de peines. On ensevelit les canons dans les flots du Dniéper, afin de sauver, dans cette pénurie de chevaux, l'autre partie d'une ruine totale. Celui-là seul peut apprécier la poignante douleur du canonnier qui se voit forcé de se séparer de ses pièces, auxquelles il a juré de rester fidèlement attaché, celui, dis-je, qui, dans les chances sans nombre de la guerre, a passé par ces rudes épreuves.

## LXXXII

### *Bivouac dans Smolensk*

le 13 novembre 1812.

Enfin nous étions à Smolensk, cette terre promise qu'on nous avait toujours fait envisager comme le terme de nos efforts, comme la fin de toutes nos souffrances et de nos privations.

C'était ici que la prédiction devait s'accomplir : nous devions trouver l'abondance dans des magasins richement approvisionnés, des habitations chauffées devaient nous recevoir; c'était ici que, dans des quartiers d'hiver bien assurés, nous devions trouver le repos après les plus horribles souffrances. Cette seule espérance avait jusque-là soutenu notre courage; elle seule avait encore maintenu faiblement les liens presque rompus de la discipline. Mais la prédiction se trouva mensongère en tous points. Ce fut alors seulement que s'ouvrit devant nous un immense abîme de misère; et ce Smolensk, où nous devions rencontrer la fin de tous nos maux, n'en marquait encore que le commencement et nous présageait la destruction affreuse, mais certaine, de l'armée tout entière.

Par un froid de 18 degrés, un bivouac établi au milieu d'une neige profonde, sur les décombres et dans la cour d'une maison incendiée, quelques faibles aliments, pour la possession desquels il fallait encore, aux portes des magasins, en venir aux prises avec des milliers de spectres que la faim rendait furieux, et, avec cela, un seul jour de repos : voilà tout ce que nous trouvâmes à Smolensk, dans ces quartiers d'hiver tant vantés.

Il nous fallut continuer notre route, et, par un froid et une misère qui croissaient de jour en jour, nous avions encore trente journées de marche à faire pour gagner les frontières de la Russie.

Nous détruisîmes derechef quelques canons, afin d'obtenir, pour quatre pièces de 6, les seules qui nous restaient de toute notre artillerie, l'attelage qui nous était nécessaire pour poursuivre notre marche; et nous cherchâmes à placer nos malades et nos mourants dans les maisons situées sur la place Neuve et converties en hôpitaux. Ces hospices, qui étaient loin de suffire à l'immense affluence de tous les souffrants, présentaient une image déchirante de désolation. On voyait ces infortunés entassés pêle-mêle sous les arcades de ces maisons ou dans les chariots qui avaient servi à leur transport, abandonnés de tout le monde, privés de tout secours, ils devenaient infailliblement des victimes du froid de la première nuit.

Ce fut aussi dans ce bivouac qu'au ronflement du canon, qui, se rapprochant de plus en plus, nous annonçait l'approche de Kutusow et de son armée, on nous distribua, pour les journées glorieuses de Smolensk et de Valoutina-Gora, les marques d'honneur qui nous avaient été envoyées de la patrie et qui nous attendaient ici.

ENTRE KORYTHNIA ET KRASNOÏ, LE 15 NOVEMBRE 1812.

# LXXXIII

## *Entre Korythnia et Krasnoï*

le 15 novembre 1812.

Le 14 novembre, vers cinq heures du matin, le quartier général de l'Empereur et sa garde quittèrent Smolensk. Quatre heures plus tard, les débris de la 25e division (Wurtembergeois) suivirent ce mouvement; c'étaient quelques centaines de combattants (une brigade, forte d'environ 200 hommes, était restée dans la ville pour se joindre à l'arrière-garde sous les ordres du maréchal Ney), 4 pièces de canon, et une foule confuse de gens pour la plupart désarmés et affublés de la manière la plus bizarre, formant ensemble une troupe de quelques milliers d'hommes, officiers et soldats de toutes les armes, domestiques, vivandiers, etc., puis des chevaux de somme, des fourgons et autres moyens de transports de toute espèce. A peine eûmes-nous passé les portes de la ville, que déjà nos pertes recommencèrent : l'attelage d'une de nos quatre pièces tombant d'inanition, ne put continuer son chemin; il fallut détruire la pièce.

Ce fut ainsi qu'au milieu d'une neige profonde, dans

laquelle nous laissions par-ci par-là des traces de notre épuisement, hommes, chevaux, fourgons, nous nous traînâmes péniblement ce premier jour jusqu'à Korythnia, que nous n'atteignîmes qu'à l'entrée de la nuit; nous la passâmes dans des bivouacs.

Le 15 novembre nous nous remîmes en marche vers Krasnoï. Vers midi nous entendîmes devant nous de grands coups de canon; nous les prenions d'abord pour les explosions de quelques fourgons que l'on avait fait sauter. C'était une attaque des Russes sur la garde impériale; nous nous en convainquîmes plus tard, lorsque, arrivés sur la même place, nous éprouvâmes le même sort. Tout à coup nous aperçûmes, à travers les flocons de neige, des essaims de Cosaques qui traversaient la route en tous sens, et bientôt après nous découvrîmes sur notre flanc gauche de longues files obscures de cavalerie, d'infanterie et d'artillerie ennemies; celle-ci s'approchant de nous à 4.500 pas, salua notre colonne d'une décharge meurtrière de boulets et de mitraille. C'était Miloradowitch et 20.000 Russes, qui, pour nous couper toute retraite, avaient occupé la route de Krasnoï et le village situé sur cette route.

Marchant toujours en avant, à la faveur de la double rangée de bouleaux qui borde la route, nous engageâmes une fusillade, aussi bien que cela fut possible à notre faible troupe, et nous cherchâmes à opposer à la canonnade ennemie le feu de nos trois pièces, quoique nous n'eussions pour chacune qu'une couple de charges.

Mais à peine avions-nous fait le pénible essai d'ôter

l'avant-train, que déjà la plus grande partie de notre attelage était foudroyée par le feu de l'ennemi, et que nous nous vîmes hors d'état de faire avancer les pièces. Faire halte et vouloir défendre, contre un ennemi bien supérieur en nombre, nos canons, qu'il n'était plus possible de conduire plus loin, c'eût été une pure folie et la perte inévitable de tous les nôtres. Il fallait donc forcer le passage à travers la route barrée, et chercher à rejoindre la garde impériale. On encloua les pièces qu'on abandonna aux Cosaques, qui nous suivaient par essaims, et l'on s'avança en colonne serrée, les hommes armés en tête, vers le village, pour en repousser les Russes. Ceux-ci n'attendirent point notre attaque; ils se retirèrent sur le côté, et Miloradowitch, au lieu de nous couper et de nous faire prisonniers, ce qui lui eût été facile avec la dixième partie de ses troupes, se contenta de nous accompagner, pendant quelque temps en marchant sur notre flanc gauche et de faire jouer contre nous cette artillerie. Ce fut ainsi que nous passâmes, non sans pertes, à travers l'artillerie ennemie, et que nous arrivâmes de nuit à Krasnoï.

## LXXXIV

### *Bivouac de Krasnoï*

le 16 novembre 1812.

Nous étions parvenus à nous frayer un passage à travers les Russes, et à gagner Krasnoï à nuit close. La jeune garde, sous les ordres de Mortier, resta postée hors de Krasnoï, sur la route de Korythnia. Le quartier impérial et la vieille garde, qui comptait encore environ 5.000 hommes, occupèrent toutes les maisons de cette petite ville. Les autres troupes eurent, ainsi que nous, le choix de camper, au milieu d'une neige profonde, soit dans les rues, soit dans les cours et les jardins; et heureux encore quand on pouvait s'approcher de quelque feu! Ce fut ainsi que nous attendîmes le lendemain. Ce jour, 16 novembre, nous fit voir les trouées que l'ennemi avait pratiquées dans nos rangs, les pertes que nous avions faites en matériel et en objets d'équipement, et nous montra dans toute son étendue l'horreur inexplicable de notre situation. Toute voie de salut nous sembla coupée par Kutusow et les 90.000 hommes de son armée, de même qu'elle nous avait paru l'être la veille par Miloradowitch et ses 20.000 Russes. Devant nous, la route de Gadi était occupée par les Russes; le gros de leur armée se trouvait sur notre flanc gauche; et Miloradowitch, en se postant sur la route entre Korythnia et Krasnoï, chercha à nous intercepter même la retraite sur Smolensk, et à empêcher notre jonction avec Eugène, Ney et Davoust, qui étaient encore avec leurs troupes aux environs de cette ville. Tout cela ne nous découragea cependant pas. Nous mettions notre confiance en Napoléon et dans son étoile, bien persuadés que, quoique nous ne pussions pas soutenir un combat inégal contre un climat ennemi, il ne manquerait point de nous conduire invaincus à travers l'armée russe. Nos espérances ne furent point trompées.

On passa toute la journée du 16 novembre à attendre les trois corps d'armée restés à Smolensk, et à faire des démonstrations, tant pour leur faciliter leur jonction avec nous, que pour écarter les Russes de Krasnoï; le ronflement du canon et la fusillade ne cessaient de se faire entendre autour de cette petite ville. Dans la nuit du 16 au 17, la garde parvint à frayer au vice-roi et aux débris de son corps, un passage jusqu'à nous. Mais comme Ney et Davoust n'avaient point encore paru sur le midi du 17, et que nous avions à craindre qu'en séjournant trop longtemps à Krasnoï, nous ne trouvassions le défilé du Dniéper près de Orcza coupé, il fallut songer à s'ouvrir le passage sur la route de Lyadi, et à prendre la direction de cette ville. A ce but, la garde impériale se contenta de sortir de Krasnoï, et de faire sur la gauche un mouvement contre les Russes. Ceux-ci se retirèrent en toute hâte. Comme par enchantement, le feu cessa tout à coup, à la surprise générale, tout autour de Krasnoï; et sans être inquiétés, sans même entendre ou voir l'ennemi, nous atteignîmes Lyadi à l'entrée de la nuit.

## LXXXV

### *Aux environs de Bobr*

le 23 novembre 1812.

Le dégel, qui avait duré quelques jours, venait enfin de faire place à une neige profonde, qui rendait encore plus pénible la marche de l'armée. Les colonnes russes ne nous suivaient pas de près : elles aussi avaient à souffrir de l'intempérie du climat; mais des nuées de Cosaques et de paysans armés entouraient nos troupes, qui avaient peine à se traîner au milieu de cette neige épaisse, et malheur alors à ceux qui restaient en arrière ou qui s'écartaient de la grande route.

On trouve ici une des scènes qui se renouvelaient chaque jour. Un officier blessé, après beaucoup de peines et d'efforts, était arrivé jusqu'ici en traîneau avec sa femme; leur cheval venait enfin de succomber. Déjà le gros de l'armée a défilé; cependant ils espèrent encore que de petits détachements en retard ou l'arrière-garde les recevront dans leurs rangs. Mais tandis qu'ils espèrent en vain, voilà la nuit qui survient; la fumée qui s'élève derrière eux leur annonce que l'arrière-garde vient de quitter un village et d'y mettre le feu, et qu'elle approche; sur la gauche se montrent des Cosaques. La compassion et la bravoure de quelques soldats servent d'égide à ces malheureux; mais bientôt l'arrière-garde va être arrivée, et si elle n'a point de moyens de transport, si elle ne prend pas pitié d'eux, ils seront abandonnés de leurs derniers défenseurs, et alors la spoliation et la captivité les attendent, ou ils succomberont aux rigueurs d'un climat meurtrier.

## LXXXVI

### *Bivouac de Studzianka*

le 26 novembre 1812.

Le 26 novembre, longtemps avant la pointe du jour, nous quittâmes le bivouac de Nimanitschi pour nous porter sur Borisow avec les restes de la Grande Armée, qui revenait de Moscou; Borisow avait été pris, le 23 novembre, par Tschitschagow, et repris, le 24, par le duc de Reggio. Il faisait encore nuit lorsque nous passâmes cette ville, ainsi qu'une étendue de deux lieues de chemin en remontant le fleuve ; la lueur des feux des Russes sur la rive droite nous guidait dans notre marche. Quand le jour parut, ce mouvement se trouva masqué par une forêt qui s'étendait jusque près de Studzianka, à quatre lieues au-dessus de Borisow. La canonnade et la fusillade qui ne s'étaient fait entendre que faiblement toute la matinée sur la rive droite, devinrent plus animées l'après-dîner.

C'était Oudinot qui, avec le 2e corps, avait passé les ponts de chevalets jetés près de Studzianka, et repoussait Tschitschagow sur Borisow.

Ce ne fut que lentement et après plusieurs longues

haltes que nous atteignîmes enfin vers le soir Studzianka, situé à la rive gauche, sur le penchant d'une hauteur dont la crête était garnie de canons pour défendre les ponts de chevalets. Ces ponts avaient été commencés dans la matinée du 26 novembre et achevés dans l'après-midi par le général Éblé, à une distance de 100 toises l'un de l'autre, immédiatement au-dessous de Studzianka ; celui de droite, situé au-dessus, était pour l'infanterie et la cavalerie ; celui de gauche, qui se trouvait plus bas, pour l'artillerie et les voitures de toute sorte.

La Bérésina est large, en cet endroit, de 54 toises ; ses bords desséchés sont marécageux ; l'eau avait alors environ 6 pieds de profondeur. On arrivait aux ponts par des rampes, dont les approches étaient inondées, attendu que la rivière était débordée par places. Les maisons de Studzianka avaient fourni le bois nécessaire à la construction des ponts et à celle des baraques ; et, comme elles servaient aussi à alimenter les feux, ce village disparaissait de plus en plus ; les pentes sur lesquelles il était bâti, étaient couvertes des débris de l'armée de Moscou, qui y bivouaquaient en attendant le passage fixé au lendemain. Il était tellement encombré d'hommes, de chevaux et de voitures, que nous nous estimâmes heureux de trouver un gîte pour cette nuit derrière la paroi extérieure d'une baraque, dans le quartier de la gendarmerie française, étant ainsi à l'abri d'un vent glacial.

SUR LA RIVE DROITE DE LA BÉRÉSINA, LE 27 NOVEMBRE 1812.

## LXXXVII

### *Sur la rive droite de la Bérésina*

le 27 novembre 1812.

Le 27 novembre, à deux heures du matin, les gardes, le 3ᵉ corps d'armée et, avec ce dernier, la 25ᵉ division (de 6 régiments d'infanterie, 4 régiments de cavalerie et 1.000 hommes d'artillerie, elle ne comptait plus dans ses rangs que 150 hommes sans canon), quittèrent le bivouac de Studzianka, et passèrent les ponts pour se rendre à la rive droite. Les officiers surnuméraires suivirent ce mouvement à 7 heures du matin. Ce départ fut pour plusieurs milliers de traîneurs de la Grande Armée qui se trouvaient dispersés au loin dans les bivouacs d'alentour un signal pour se précipiter également sur les ponts. On vit, à la pointe du jour, une masse épaisse et confuse d'hommes, de chevaux et de voitures se porter vers les passages étroits des ponts, et les enlever pour ainsi dire d'assaut. Quoique l'ennemi ne fût point encore à proximité, cette affluence n'en était pas moins effrayante ; et ce qui contribuait encore à l'augmenter, c'est que la gendarmerie et les pontonniers, conformément aux ordres qu'ils en avaient reçus, ne laissaient passer le pont qu'à des détachements de troupes en rangs, ou aux officiers et soldats armés, et repoussaient de l'entrée tous les autres, en employant même la force des armes. Des centaines d'hommes furent, dans la presse, écrasés contre les ponts ou sous les pieds, ou bien précipités dans l'eau. Ceux qui avaient la permission de passer les ponts, ne couraient moins de danger que lorsque, par un heureux hasard, ils pouvaient, au milieu de la foule, se tenir dans la prolongation des rampes, et qu'ils étaient porté sur les garde-fous par cette masse mouvante. Mais, dès qu'on les manquait, on était en danger ou d'être broyé sous les pieds, ou de tomber dans les glaces de la Bérésina.

Au milieu de cette terrible agitation, on vit l'Empereur, la sérénité sur le front, s'arrêter au rivage, entre les ponts, faire tous ses efforts pour ramener l'ordre dans cette confusion et le calme dans ce tumulte, pour débrouiller ce chaos. Il dirigea le passage jusque vers le soir, puis il se rendit avec sa suite sur la rive droite et fixa son quartier général dans le hameau de Zaniwki, à une demi-lieue de la Bérésina.

La plupart des nôtres, après avoir atteint la rive droite, y campèrent aussitôt. Sans s'inquiéter de ce qui se passait autour d'eux, ils ne songèrent qu'à allumer des feux pour faire la cuisine et se chauffer, et firent en un mot toutes les dispositions nécessaires pour bivouaquer cette nuit. Soins perdus! à peine était-on parvenu, au milieu d'une neige violente et après de longs essais, à mettre les feux en ordre ; à peine avait-on fait fondre la neige pour en obtenir de l'eau, que des troupes du 9e corps d'armée arrivèrent à la rive droite, se déployèrent sur l'emplacement de ce bivouac; et ceux qui l'avaient établi se virent réduits à la triste nécessité de laisser là tous les préparatifs qu'ils avaient fait avec tant de peine, et de chercher un autre gîte pour la nuit.

## LXXXVIII

### *Bivouac sur la rive droite de la Bérésina*

le 27 novembre 1812.

Repoussés de notre feu, où nous nous étions établis aussi commodément que possible, nous nous retirâmes vers le hameau de Zaniwki, situé à une demi-lieue de là, sur le penchant d'une colline; nous arrivâmes à la nuit tombante au milieu d'une abondante neige. Déjà s'y étaient rassemblés tout le quartier général impérial, les restes des gardes et, successivement, toutes les troupes qui, ce jour-là, avaient passé la Bérésina, et qui, sans plus garder ni ordre ni rangs, avaient pu se traîner jusque-là à travers la neige, attirées par les feux des bivouacs, dont la lueur s'étendait au loin.

Toutes les maisons étaient occupées; partout on nous défendit les approches. Ce ne fut qu'avec peine et après de longues recherches, que nous trouvâmes place devant une maison avec notre quartier général et la plupart de nos officiers et de nos soldats. Il fallut conquérir à la pointe de l'épée quelques poutres pour allumer un feu, autour duquel nous passâmes la nuit, campés sur trois ou quatre lignes, dans une neige profonde, et privés de toute nourriture. Mais la plupart de ceux qui s'étaient emparés des maisons n'en jouirent pas longtemps; car il s'engagea partout un combat sanglant, non plus pour trouver place dans les maisons, mais pour avoir les maisons elles-mêmes. Les soldats, devenus furieux par l'excès du froid, les gardes surtout, commencèrent par en découvrir les toits pour se procurer du feu et finirent par les démolir entièrement, malgré la résistance désespérée, mais inutile, des habitants. Le lendemain, Zaniwki avait disparu, consumé dans les feux des bivouacs.

## LXXXIX

### *Passage de la Bérésina*

le 28 novembre 1812.

Cependant, à l'entrée de la nuit, le calme s'était aussi rétabli sur la rive gauche parmi cette foule innombrable qui, dans la journée du 27 novembre, n'avait point encore passé les ponts. On avait cessé de se porter de ce côté, et tout reposait paisiblement sous les débris de Studzianka, sur les pentes de ses hauteurs, et au milieu de la masse immense de voitures de toute espèce placées pêle-mêle, et formant, sur une profondeur de plusieurs centaines de pas, un vaste cercle autour de l'entrée des ponts; les feux des bivouacs éclairaient toute la contrée. Sans doute que la plupart de ces malheureux, émoussés par les souffrances, étaient devenus insensibles au danger; peut-être aussi comptaient-ils sur la protection du corps de Victor, qui, occupant avec son aile gauche les hauteurs de Studzianka, et s'appuyant avec la droite à la Bérésina, couvrait sur la rive gauche les approches des ponts; mais il y avait en outre des milliers de malades, de blessés et d'estropiés qui, abandonnés de leurs guides et retenus par leur impuissance dans leurs chariots ou dans leurs traîneaux, étaient relégués sur ce sol inhospitalier. Ce fut ainsi que se passa la nuit du 27 au 28 novembre. Mais le 28, dès la pointe du jour, le canon annonça par son tonnerre sur les deux rives que, sur la gauche, Wittgenstein enfilant la route de Borisow avec ses 40.000 Russes, et, sur la droite, Tschitschagow avec 27.000 hommes, marchaient contre les entrées des ponts; et que le dernier jour était sans doute venu pour la plupart de ces malheureux. Alors, mais trop tard pour un grand nombre d'entre eux, ils tentèrent le passage, et se précipitèrent tous de nouveau vers les ponts, dont celui de gauche, destiné pour les voitures, finit par rompre pour la troisième fois sous le poids de la masse, et ne put plus être rétabli au milieu du tumulte et de la presse. Dès lors, une seule idée, un seul but occupe tous les esprits, celui de gagner le seul pont resté debout; et pour y atteindre, renversant tout ce qui les entoure, tout ce qui s'oppose à leur passage, chefs, camarades, femmes et enfants, ils les foulent aux pieds, ou les poussent dans les flots de la Bérésina ou dans les flammes de la maison qui brûlait entre les deux ponts. Victor, avec son corps réduit à environ 6.000 hommes, fit des efforts inouïs pour arrêter Wittgenstein; et Oudinot, Ney et Dombrowski et leurs 9.000 hommes refoulèrent Tschitschagow sur Stachowa; mais Wittgenstein, dont les forces étaient trop supérieures, s'avança de plus en plus vers les ponts; de manière qu'à la fin il put diriger le feu meurtrier de son artillerie bien supérieure en nombre, non seulement sur le corps de Victor, mais encore sur ce groupe épais d'hommes sans défense, sur cet amas de voitures et de chevaux, et même sur le pont. Alors le malheur et le désespoir de cette foule pressée furent à leur comble. Presque chaque coup porta ; les boulets et les obus battaient en brèche cette masse compacte ; les cris de ces malheureux étouffaient le tonnerre du canon et le sifflement des balles, et l'on se pressait avec une nouvelle furie vers le pont. Autour des ponts s'élevaient, comme des collines, des monceaux d'hommes et de chevaux foulés aux pieds ou tués par le feu de l'ennemi ; il fallait, pour gagner les ponts, passer sur leurs corps tout en combattant ; les flots et les glaçons charriés par la rivière les entraînaient de temps en temps, mais ce n'était que pour faire place à d'autres. Enfin la nuit survint, les coups de l'ennemi devinrent plus incertains et finirent par cesser entièrement ; vers neuf heures du soir Victor parvint avec son corps à se frayer un passage à travers cette scène d'horreur et de désolation ; il se rendit à la rive droite, laissant une arrière-garde à Studzianka.

Plusieurs négligèrent de profiter de cette nuit, quoiqu'ils l'eussent pu, pour atteindre la rive opposée ; et ce ne fut que quand, dans la matinée du 29, les Russes s'avancèrent de nouveau contre les ponts, et qu'il n'était plus temps, qu'ils firent une tentative désespérée mais inutile, car à huit heures et demie le feu fut mis aux ponts, et tout moyen de salut perdu à jamais.

Le même sort attendait les restes de la Grande Armée à la rive droite, si, sur la seule ligne de retraite qu'ils eussent encore, Tschitschagow avait détruit les ponts qui, entre Zaniwki et Zembin, menaient à travers des marais, et qu'il avait occupé immédiatement avant le passage de la Bérésina. Heureusement il n'avait point reconnu l'importance de ce défilé ; l'armée arriva à Zembin, détruisit les ponts, et mit ainsi les marais entre elle et l'ennemi qui la poursuivait.

ENTRE PLESZÉNITZY ET SMORGONI, LE 2 DÉCEMBRE 1812.

## XC

### Entre Pleszénitzy et Smorgoni

le 2 décembre 1812.

La Bérésina est passée, les digues tant redoutées entre cette rivière et Zembin, dont la destruction aurait entraîné l'anéantissement de toute l'armée, sont heureusement franchies. Wilna, avec ses réserves, ses magasins biens approvisionnés, est l'objet de tous les vœux et de tous les efforts. Ceux qui pouvaient devancer le gros de l'armée avaient quelquefois le bonheur de trouver un asile et un gîte dans des lieux habités. Nous voyons ici quelques officiers de la 25ᵉ division qui se sont établis dans la chambre d'une ferme de gentilhomme à demi déserte, dont la jolie habitante, connue sous le nom de la Belle Menuisière (parce qu'il se trouvait dans la chambre plusieurs outils de menuisier), vivra probablement encore dans leur souvenir.

# XCI

## *Aux environs de Smorgoni*

le 3 décembre 1812.

Dès les premiers jours de décembre, le froid et la dissolution de l'armée se firent sentir d'une manière effrayante. Le peu de détachements mêmes qui avaient passé en bon ordre la Bérésina, finirent par se débander; leur nombre diminua peu à peu; les chemins que l'armée parcourait dans sa retraite se couvrirent de plus en plus de cadavres d'hommes et de chevaux, qui succombaient à la faim, aux fatigues, et surtout à la rigueur du froid; de malades, de mourants et de désespérés, qui, dépouillés de leurs vêtements par ceux qui les suivaient, se roulaient dans une neige profonde. Smolensk avait été autrefois notre mot de ralliement; c'est aujourd'hui Wilna qui est l'objet de tous nos vœux; c'est là que, dans de riches magasins, on espère trouver de quoi satisfaire à tous les besoins; là, telle est du moins la promesse, on trouvera un abri assuré sous la protection des troupes nombreuses qui y sont concentrées. Il était dit aussi que tout se réunirait sur ce point, que l'on y prendrait enfin les quartiers d'hiver après lesquels on soupirait depuis si longtemps. De là le dernier sacrifice de toutes nos forces pour gagner cette ancre de salut. Nous rencontrâmes dès Smorgoni, où nous arrivâmes le 3 décembre sur le midi, 1.600 hommes de nos recrues (wurtembergeoises), qui, logées commodément dans cette petite ville, attendaient notre division. Mais cette division était autant que détruite, et les troupes qui étaient venues pour la renforcer ne tardèrent pas à subir le même sort. Placées à l'arrière-garde comme corps complet et reposé, il suffit de quelques nuits d'hiver passées au bivouac pour les réduire à un petit nombre, n'ayant pu s'endurcir dans les quartiers qu'elles avaient occupé jusqu'alors; et ce petit nombre qui, quelques jours après, arriva à Wilna dans l'état le plus pitoyable, nous donna la mesure de ce que nous avions à espérer des réserves qui devaient suivre encore.

# XCII

## *Aux environs d'Oschmaemy*

le 4 décembre 1812.

Cependant le froid allait toujours en augmentant, et multipliait d'une manière effrayante nos pertes en hommes et en chevaux. Des guerriers qui jusque-là avaient bravé les privations et les fatigues de tant de campagnes, succombent maintenant aux rigueurs du climat du Nord et à ses horreurs. C'est en vain que l'armée, en marche sur Wilna, rencontre des dépôts et des bataillons de réserve; ils ne lui présentent guère qu'un secours passager, et ne servent qu'à grossir nos pertes. Arrachés de leurs quartiers et placés à l'arrière-garde, ces jeunes soldats, qui ne sont point depuis six mois endurcis par l'habitude des bivouacs, sont la plupart enlevés par la première nuit d'hiver.

C'est ainsi que l'armée se traîne péniblement, jonchant la grande route de morts, de mourants et de furieux; elle est harcelée par des essaims de cosaques qui, avides de butin, se jettent sur les traîneurs et les petits détachements. Pour repousser ces attaques, tous ceux qui ont

AUX ENVIRONS D'OSCHMAEMY, LE 4 DÉCEMBRE 1812.

encore des armes se réunissent en troupes, et il s'engage par-ci par-là de petits combats; des bouches à feu qu'on ne peut pas mener plus loin, faute de chevaux, font entendre ici leurs dernières décharges.

Mais à ces traits de bravoure et de dévouement viennent se mêler la cruauté et l'insensibilité la plus révoltante. Le plus fort pille sans pitié le plus faible; on dépouille de leurs vêtements les malades et ceux qui, par lassitude, ne peuvent plus suivre l'armée; les mourants sont mis à nu avant d'avoir rendu le dernier soupir, et on laisse tous ces malheureux sans secours couchés dans une neige profonde. L'instinct de sa propre conservation a étouffé dans le cœur de chacun tout sentiment d'humanité.

LE CAFÉ LICHTENSTEIN, LE 7 DÉCEMBRE 1812.

## XCIII

### *Le café Lichtenstein*

le 7 décembre 1812.

Wilna, comme naguère Smolensk, le but ardemment désiré de tous ceux qui ont survécu à la grande catastrophe, est enfin atteint, Wilna, la seule ville complètement peuplée, pourvue de magasins bien garnis, de vivres et de toutes sortes d'objets de luxe, que nous eussions rencontrée depuis notre départ de Moscou. L'espérance d'y parvenir et d'y trouver la fin de toutes ses peines, avait jusque-là soutenu le courage de plus d'un guerrier. Mais, de même qu'à Smolensk, nos espérances furent cruellement déçues. Wilna devint le tombeau de milliers de nos soldats, et nous nous vîmes forcés dans notre marche de quitter cette ville comme toutes les autres. Heureux ceux qui y arrivèrent quelques jours avant l'armée! Ils y trouvèrent des quartiers, des vivres en abondance, et des commodités de tout genre. C'est ainsi qu'un heureux hasard voulut que des officiers de la 25ᵉ division, qui, dès notre entrée en Russie, avaient découvert le café Lichtenstein, précédassent de quelques jours le retour de l'armée à Wilna; ils prirent possession de l'établissement, lequel dès lors devint le rendez-vous de presque tous les officiers de cette division qui purent gagner la ville, et même de ceux qui y étaient encore entrés le 9 décembre.

Ce jour-là, le gros de l'armée, fort d'environ 40.000 hommes, opérant sa retraite dans le désordre le plus complet, suivi de près par l'arrière-garde, et pressé par les colonnes russes, atteignit Wilna et s'y précipita en désespéré. Des milliers périrent sous les portes de la ville, victimes de cette presse affreuse ou d'un froid horrible. Ici, comme à la Bérésina, on foule aux pieds les morts et les vivants, et ce torrent d'hommes que le froid et la faim ont rendus furieux, se répand dans les rues de la ville consternée. Les habitants effrayés ferment leurs maisons et en refusent l'entrée. C'est un spectacle déchirant de voir ces malheureux, couverts de lambeaux, errer en furieux dans les rues par un froid de 28 degrés, suppliant, menaçant, cherchant en vain à pénétrer dans les demeures. Il n'y a pas jusqu'aux magasins qui ne leur soient interdits, faute de pouvoir présenter une permission par écrit. Les hôpitaux et les casernes ne peuvent plus recevoir personne; ils offrent depuis longtemps le tableau de la misère la plus affligeante; sur le plancher glacé de leurs salles sans feu et dans tous les corridors on rencontre des malades, des mourants et des morts, entassés par rangées épaisses. Mais le sort le plus cruel qu'ils éprouvent leur vient de la part des Juifs; ceux-ci, qui jusque-là ont seuls profité de la présence des troupes alliées, ne se contentent pas de fermer leurs portes à ces malheureux : ils les attirent, au contraire, dans leurs maisons, à la nouvelle de l'approche des Russes, les dépouillent, puis les jettent nus et mourants par les fenêtres, pour les laisser périr de froid dans les rues et s'en faire un mérite aux yeux du vainqueur.

Au milieu de cette désolation, le canon ronfle aux portes de la ville et nous avertit qu'il faut la quitter sans délai. Les armées russes pressent notre faible arrière-garde. Cependant nous n'en sortîmes que dans la matinée du 10 décembre, quoique les Cosaques y fussent déjà entrés pendant la nuit, et les débris de la Grande Armée se remirent en marche sur la grande route dans la direction de Kowno.

## XCIV

### *Près d'Ève*

le 11 décembre 1812

Nous avions évacué Wilna le 10 décembre, en y laissant plusieurs milliers de morts, de malades et de prisonniers; nous avions échappé à la catastrophe de Pouari, qui nous avait à peu de choses près coûté le dernier reste de notre artillerie et des autres équipages, et tout le trésor impérial; et le gros de la Grande Armée, dont les rangs s'éclaircissaient de plus en plus, se traînait péniblement, mais sans relâche, par un froid horrible, et sous la protection d'une faible arrière-garde, sur la route de Kowno, dans la direction du Niémen. Nous payâmes aussi notre tribut à cette distance de 95 verstes : un grand nombre d'entre nous succombèrent à cette dernière marche, qui fut forcée.

Enfin nous revîmes Ève, petite ville aux environs riants de laquelle nous avions campé dans les derniers jours de juin avant de passer la Wilia. Mais combien l'aspect en était changé! Ève, alors parée des charmes de l'été, était maintenant abandonnée, ensevelie dans une neige profonde; et cette ville que la Grande Armée, si brillante,

PRÈS D'ÈVE, LE 11 DÉCEMBRE 1812.

si nombreuse et si avide de combat, avait traversée en chassant l'ennemi devant soi, voyait à présent ses rues désertes encombrées de nos misérables débris vaincus par la faim et le climat de la Russie, et cherchant à atteindre Kowno et les rives du Niémen.

AUX ENVIRONS DE WILKOWISKY, LE 14 DÉCEMBRE 1812

Bourdon & Keilhauer Sc.

## XCV

### *Entre Braunsberg et Elbing*

le 21 décembre 1812.

L'année 1812, en expirant a vu finir les souffrances inouïes, les dangers sans nombre et de tout genre de la fatale retraite de Moscou; mais aussi la Grande Armée a cessé d'être; ses corps n'existent plus, son nom immortel seul est resté. Tombés, mais tombés avec gloire, sur les champs de bataille de Krasnoï, de Smolensk, de Valoutina-Gora, de Polotzk, de Mojaïsk, de Malojaroslawez, et dans d'autres combats moins importants; consumés par les maladies, par la faim, par les privations de toute espèce et par les rigueurs de l'hiver du Nord, la plupart des braves qui la composaient couvrent de leurs corps les vastes plaines de la Russie. On assigne aux faibles restes qui ont passé le Niémen des rendez-vous sur la Vistule; ceux du 3e corps devront se réunir d'abord à Dantzig, puis à Thorn, et la 25e division à Inowraclaw. C'est ainsi que la retraite de l'armée finit peu à peu par n'être plus en grande partie que des marches isolées vers les lieux assignés aux différents rendez-vous.

La présente feuille fait voir quelques militaires qui, sur la route entre Braunsberg et Elbing, sont sur le point de sortir d'un cabaret (Kretscham Karzma), où ils ont fait une courte halte pour dîner, afin de gagner à grands pas le gîte où ils doivent passer la nuit.

COSAQUE.
D'après Horace Vernet.

# ÉTAT SOMMAIRE

**Des corps faisant partie de la Grande Armée française, dirigée contre la Russie, depuis le 1er mars jusqu'au 1er septembre 1812.**

---

| | | Hommes. | Chevaux. |
|---|---|---|---|
| État-major général. Le prince de Neuchâtel, major général. | Badois, Hessois, Saxons, Neuchâtelois, 28e chasseurs. . . . . . . . . | 4.000 | 1.150 |
| 1er Corps d'armée. Prince d'Eckmühl. | 1re division, général Moraud, 13e léger, 17e, 30e de ligne, Badois, etc. | 14.400 | 1.050 |
| | 2e division, général Friant, 15e léger, 33e, 48e de ligne, Espagnol, etc. | 15.900 | 1.100 |
| | 3e division, général Gudin, 7e léger, 12e, 21e, 127e de ligne, Strelitz, etc. | 15.500 | 1.050 |
| | 4e division, général Dessaix, 33e léger, 85e, 108e de ligne, Hesse, etc. | 13.700 | 1.100 |
| | 5e division, général Compans, 25e, 57e, 61e, 111e de ligne, etc. . . . | 17.500 | 1.200 |
| | Cavalerie, général Girardin, 1er, 2e, 3e chasseurs, 9e Polonais, etc. . . . | 3.800 | 3.800 |
| | Artillerie, génie, etc. . . . . . . . . | 2.300 | 2.200 |
| 2e Corps d'armée. Duc de Reggio. | 6e division, général Legrand, 26e léger, 56e, 19e, 128e de ligne, Portugais, etc. . . . . . . . . . . . . | 14.000 | 800 |
| | 8e division, général Verdier, 11e léger, 2e, 37e, 124e de ligne, etc. . . | 13.200 | 900 |
| | 9e division, général Merle, 123e de ligne, Suisses, Croates, etc. . . . | 12.200 | 800 |
| | Cavalerie, général Castex, 7e, 20e, 24e, 28e chasseurs, 8e chevau-légers, etc. . . . . . . . . . . . . | 3.200 | 3.200 |
| | Artillerie, génie, etc. . . . . . . . . | 1.500 | 1.300 |

| | | Hommes. | Chevaux. |
|---|---|---|---|
| 3e Corps d'armée. Duc d'Elchingen. | 10e division, général Ledru, 24e léger, 46e 72e, 129e de ligne, Portugais, etc. | 13.000 | 800 |
| | 11e division, général Razout, 4e, 18e, 93e de ligne, Illyriens, Portugais, etc. | 14.000 | 800 |
| | 15e division, général Marchand, Wurtembergeois, etc. | 10.000 | 500 |
| | Cavalerie, général de Wœlwarth, 4e, 28e chasseurs, 6e chevau-légers, 11e hussards, Wurtembergeois, etc. | 4.000 | 4.000 |
| | Artillerie, génie, etc. | 2.800 | 2.600 |
| 4e Corps d'armée. Prince vice-roi. | 13e division, général Delzors, 8e léger, 84e, 92e, 106e de ligne, Croates. | 13.700 | 800 |
| | 14e division, général Broussier, 18e léger, 9e, 35e, 53e de ligne, Espagnols | 13.000 | 800 |
| | Cavalerie, général Guyon, 9e, 19e chasseurs, Italiens | 2.900 | 2.700 |
| | Garde royale italienne, général Lecchi | 6.200 | 2.800 |
| | Artillerie, génie, etc. | 2.600 | 2.500 |
| 5e Corps d'armée. Prince Poniatowski. | 16e division, général Zaiousheck, Polonais, etc. | 12.000 | 800 |
| | 17e division, général Dombrowski, Polonais, etc. | 12.000 | 800 |
| | 18e division, général Kamieniecki, Polonais, etc. | 9.300 | 700 |
| | Cavalerie, général Kaminski, Polonais, etc. | 4.000 | 4.200 |
| | Artillerie, génie, etc. | 2.200 | 2.600 |
| 6e Corps d'armée. Maréchal Gouvion-Saint-Cyr. | 19e division, général Deroy, Bavarois, etc. | 11.200 | 400 |
| | 20e division, général de Wrede, Bavarois, etc. | 12.700 | 500 |
| | Cavalerie, général de Seydewitz, Bavarois, etc. | 2.000 | 2.100 |
| | Artillerie, génie, etc. | 500 | 800 |
| 7e Corps d'armée. Général Reynier. | 21e division, général Lecoq, Saxons, etc. | 7.800 | 800 |
| | 22e division, général de Funck, Saxons, etc. | 7.600 | 700 |
| | Cavalerie, général de Gablentz, Saxons, etc | 2.300 | 2.600 |
| | Artillerie, génie, etc. | 1.200 | 1.400 |

| | | Hommes. | Chevaux. |
|---|---|---|---|
| 8e Corps d'armée. Duc d'Abrantès. | 23e division, général Tharreau, Westphaliens, etc. | 10.600 | 400 |
| | 24e division, général d'Ochs. | 5.200 | 400 |
| | Cavalerie, général Chabert. | 1.900 | 2.000 |
| | Artillerie, génie, etc. | 1.000 | 1.500 |
| 9e Corps d'armée. Duc de Bellune. | 12e division, général Partouneaux, 10e, 29e léger, 36e, 44e, 51e, 55e, 125e et 126e de ligne. | 15.000 | 600 |
| | 26e division, général Daendels, Bergeois, Badois, Hessois. | 8.000 | 7.000 |
| | Cavalerie, généraux Delaitre et Fournier, Bergeois, Hessois, Badois, etc. | 2.000 | 2.100 |
| 10e Corps d'armée. Duc de Tarente. | 7e division, général Grandjean, Polonais, Westphaliens, etc. | 13.000 | 990 |
| | 27e division, général d'Yorck, Prussiens. | 14.000 | |
| | Cavalerie, général Urassemback, Prussiens | 2.700 | 2.700 |
| | Artillerie, major. | 1.700 | 1.700 |
| 11e Corps d'armée. Duc de Castiglione. | 30e division, général Leudelet, 2e, 4e, 6e, 8e, 16e, 17e, 18e, 21e, 28e léger, 14e, 28e de ligne, Westphaliens, etc. | 18.000 | 400 |
| | 31e division, général Lagrange, 27e léger, 27e, 63e de ligne, etc. | 9.900 | |
| | 32e division, général Durutte, régiments de Rhé, Walchéren, Belleisle et de la Méditerranée. | 12.700 | |
| | 34e division, général Moraud, 3e, 29e, de ligne, Hessois, Saxons, etc. | 12.900 | 600 |
| | Cavalerie, général Cavaignac, dragons, chasseurs. | 1.600 | 1.500 |
| Corps autrichien. Général Schwarzenberg. | Autrichiens. | 30.000 | 6.000 |
| 1er Corps de cavalerie. Général Nansouty. | 1re division de cavalerie légère, général Bruyères, 16e chasseurs, 7e, 8e hussards, Polonais, Prussiens, etc. | 6.500 | 6.700 |
| | 11e division de grosse cavalerie, général Saint-Germain, 2e, 3e, 9e cuirassiers, 1er chevau-légers. | 3.700 | 3.800 |
| | 5e division de grosse cavalerie, général Valence, 6e, 11e, 12e cuirassiers, 5e chevau-légers. | 3.200 | 3.300 |

| | | Hommes. | Chevaux. |
|---|---|---|---|
| 2e Corps de cavalerie. Général Montbrun. | 2e division de cavalerie légère, général Pajol, 11e, 12e chasseurs, 5e, 9e hussards, Prussiens, Polonais, etc. | 4.800 | 4.900 |
| | 2e division de grosse cavalerie, général Wathier, 5e, 8e, 10e cuirassiers, 2e chevau-légers | 2.700 | 2.800 |
| | 4e division de grosse cavalerie, général Defranc, 1er, 2e carabiniers, 1er cuirassiers, 4e chevau-légers. | 2.900 | 2.900 |
| 3e Corps de cavalerie. Général Grouchy. | 3e division de cavalerie légère, général Chastel, 6e, 8e, 25e chasseurs, 6e hussards, Bavarois, Saxons. | 4.500 | 4.700 |
| | 3e division de grosse cavalerie, général Doumerc, 4e, 7e, 14e cuirassiers, 3e chevau-légers | 3.300 | 3.300 |
| | 6e division de grosse cavalerie, général Lahoussaye, 7e, 23e, 28e, 30e dragons | 2.800 | 3.000 |
| 4e Corps de cavalerie. Général Latour-Maubourg. | 4e division de cavalerie légère, général Roznieсki, Polonais | 4.600 | 5.000 |
| | 7e division de cavalerie légère, général Large, Saxons, Westphaliens, etc. | 3.200 | 3.500 |
| Garde impériale. | Garde impériale, infanterie, cavalerie, artillerie, etc. | 43.000 | 16.000 |
| | Division de la Vistule, général Claparède, Polonais | 8.300 | 500 |
| Grand parc. | Grand parc d'artillerie, général Lariboisière | 9.500 | 4.800 |
| | Grand parc du génie, général Chasseloup-Laubat. | 5.100 | 900 |
| | Équipages militaires, général Picard. | 7.800 | 9.300 |
| Garnisons. | Magdebourg, général Michaud | 900 | |
| | Dantzig, général Lagrange | 3.000 | 1.000 |
| | Stettin, général Liobet<br>Gustrin, général Tamier d'Albe.<br>Glogau, général Laplane<br>Berlin, général Durutte.<br>Strasbourg, général Moraud | Les garnisons de 60 places ont été fournies par les corps d'armée. | |
| | Kœnigsberg, général Loison | 5.000 | 200 |
| Division princière. Général Cana-Saint-Cyr. | Troupes des princes de la Confédération | 7.300 | 300 |

| | | Hommes. | Chevaux. |
|---|---|---|---|
| 33ᵉ Division d'infanterie. Général Destrées. | Troupes napolitaines | 8.000 | 1.000 |
| Garnison de Hambourg. Général Cana-Saint-Cyr. | Cohortes de la garde nationale du premier ban, etc. | 5.700 | |
| Division danoise. Général Eswald. | Troupes danoises | 9.800 | 2.000 |
| Troupes en marche. | Infanterie | 25.000 | |
| | Cavalerie | 14.000 | 14.000 |
| | Artillerie, génie, etc. | 4.000 | 2.500 |
| Dépôts généraux de cavalerie. Général Bourcier. | Détachements de tous les régiments de cavalerie | 1.500 | 600 |

## RÉCAPITULATION.

| | Hommes. | Chevaux. |
|---|---|---|
| État-major général | 4.000 | 1.150 |
| 1ᵉʳ Corps | 83.000 | 11.500 |
| 2ᵉ — | 44.000 | 7.000 |
| 3ᵉ — | 43.800 | 8.700 |
| 4ᵉ — | 52.000 | 10.500 |
| 5ᵉ — | 39.500 | 9.100 |
| 6ᵉ — | 27.400 | 3.800 |
| 7ᵉ — | 18.900 | 5.500 |
| 8ᵉ — | 18.700 | 4.300 |
| 9ᵉ — | 32.500 | 4.500 |
| 10ᵉ — | 31.400 | 5.300 |
| 11ᵉ — | 55.100 | 2.500 |
| Corps auxiliaire autrichien | 30.000 | 6.000 |
| Garde impériale | 51.300 | 16.500 |
| Grand parc | 22.400 | 15.000 |
| Garnisons. . . Dantzig, Magdebourg, Kœnigsberg, Hambourg | 14.600 | 1.200 |
| Division Princière | 7.300 | 300 |
| Napolitains | 8.000 | 1.000 |
| Troupes danoises | 9.800 | 2.000 |
| Troupes en marche | 43.000 | 16.500 |
| Dépôt général de cavalerie | 1.500 | 600 |
| 1ᵉʳ corps de cavalerie | 13.400 | 13.800 |
| 2ᵉ — | 10.400 | 10.600 |
| 3ᵉ — | 10.600 | 11.000 |
| 4ᵉ — | 7.800 | 8.500 |
| Totaux | 680.500 | 170.850 |

# TABLE DES MATIÈRES

# TABLE DES MATIÈRES


Pages

INTRODUCTION . . . . . . . . . . I-XLVI

CAMPAGNE DE RUSSIE, 1812

I. Aux bords du Niémen, le 25 juin. . . . . . . . 3
II. Bivouac de S. A. le Prince Royal Guillaume de Wurtemberg, près d'Ève, le 28 juin . . . . . . . . 7
III. Près d'Ève, le 29 juin . . . . . . . . 9
IV. Entre Kirgaliczky et Suderwa, le 30 juin. . . . . . . . 13
V. Au bivouac de Miliathui, le 5 juillet . . . . . . . . 17
VI. Aux environs de Tschoulanoui, le 7 juillet . . . . . . . . 19
VII. Au bivouac de Kokuticzki, le 9 juillet. . . . . . . . 21
VIII. Aux environs de Kozusczina, le 11 juillet . . . . . . . . 23
IX. Aux environs de Jenolani, le 12 juillet . . . . . . . . 27
X. Bivouac de Raskimosi, près du lac Braslaw, le 18 juillet . . . 29
XI. Près la route de Braslaw à Disna, le 21 juillet . . . . . . . . 31
XII. Bivouac devant Disna, le 23 juillet . . . . . . . . 33
XIII. Devant Polotzk, le 25 juillet. . . . . . . . 37
XIV. Sur la rive droite de la Duna, au-dessus de Polotzk, le 25 juillet . . . . . . . . 39
XV. Bivouac devant Ula, le 26 juillet . . . . . . . . 43
XVI. Près de Beschenkowitschi, le 25 juillet . . . . . . . . 45
XVII. Près de Beszinkowiczi, sur les bords de la Dwina, le 29 juillet . . . . . . . . 47
XVIII. Faubourg de Beschenkowitschi sur la rive droite de la Duna, le 29 juillet . . . . . . . . 49
XIX. Devant Beschenkowitschi, le 30 juillet . . . . . . . . 51
XX. Sur la route entre Beschenkowitschi et Ostrowno, le 31 juillet. 53
XXI. Près d'Ostrowno, le 1er août. . . . . . . . 57

Pages

XXII. Au bivouac de Liozna, le 4 août . . . . . . . . . . . . . 59
XXIII. Dans le voisinage de Liozna, le 5 août . . . . . . . . . . 63
XXIV. Au bivouac de Liozna, le 6 août . . . . . . . . . . . . . 65
XXV. A Liozna, le 9 août . . . . . . . . . . . . . . . . . . . 67
XXVI. Au camp de Liozna, le 9 août . . . . . . . . . . . . . . 71
XXVII. Bivouac devant Liozna, le 11 août . . . . . . . . . . . . 73
XXVIII. Dans la contrée de Lionwawitschi, le 13 août . . . . . . . 75
XXIX. Passage du Borysthène, le 14 août . . . . . . . . . . . . 77
XXX. En avant de Krasnoï, le 14 août . . . . . . . . . . . . . 79
XXXI. Devant Smolensk, le 16 août . . . . . . . . . . . . . . . 83
XXXII. Devant Smolensk, le 17 août . . . . . . . . . . . . . . . 87
XXXIII. Devant Smolensk, le 18 août . . . . . . . . . . . . . . . 91
XXXIV. Devant les murs de Smolensk, le 18 août . . . . . . . . . 95
XXXV. Près des murs de Smolensk, le 18 août . . . . . . . . . . 99
XXXVI. Devant les murs de Smolensk, le 18 août, à 5 heures du soir. 101
XXXVII. Devant les murs de Smolensk, le 18 août, à 10 heures du soir. 105
XXXVIII. Smolensk sur la rive droite du Borysthène, le 19 août . . . . 109
XXXIX. Sur la Stabna, le 19 août . . . . . . . . . . . . . . . . 113
XL. Entre Smolensk et Valoutina-Gora, le 19 août . . . . . . . 117
XLI. Près Valoutina-Gora, le 19 août . . . . . . . . . . . . . 121
XLII. Au bivouac derrière Valoutina-Gora, le 22 août . . . . . . . 125
XLIII. Entre Dorogobouje et Slawkowo, le 27 août . . . . . . . . 127
XLIV. Slawkowo, le 27 août . . . . . . . . . . . . . . . . . . 131
XLV. Aux environs de Semlewo . . . . . . . . . . . . . . . . 133
XLVI. Au bivouac devant Wiazma, le 30 août . . . . . . . . . . 135
XLVII. Dans Wiazma, le 30 août . . . . . . . . . . . . . . . . . 139
XLVIII. Au bivouac, le 31 août . . . . . . . . . . . . . . . . . . 141
XLIX. Bivouac devant Ghyacz, le 2 septembre . . . . . . . . . . 143
L. Dans Ghyacz, le 4 septembre . . . . . . . . . . . . . . 147
LI. Ghyacz, le 5 septembre . . . . . . . . . . . . . . . . . 151
LII. Ghyacz, le 5 septembre . . . . . . . . . . . . . . . . . 153
LIII. Près de Ghyacz, le 5 septembre . . . . . . . . . . . . . 155
LIV. Sur le champ de bataille de la Moskowa, devant Séménowskoï, le 7 septembre . . . . . . . . . . . . . . . . . . . 157
LV. Près de Waluewa, le 8 septembre . . . . . . . . . . . . 161
LVI. Sur le champ de bataille de la Moskowa, le 17 septembre . 165
LVII. Le pont de la Kolotscha, près de Borodino, le 17 septembre. 169
LVIII. Derrière Borodino, près la grande route de Moscou, le 17 septembre . . . . . . . . . . . . . . . . . . . . . . 173
LIX. Sur la grande route de Mojaïsk à Krymskoje, le 18 septembre . . . . . . . . . . . . . . . . . . . . . . . 175
LX. Sur la grande route entre Mojaïsk et Moscou, le 21 septembre. 177
LXI. A neuf lieues de Moscou à droite de la grande route, le 21 septembre . . . . . . . . . . . . . . . . . . . 179
LXII. Sur la route de Mojaïsk à Moscou, le 22 septembre. . . . 183

Pages

LXIII. A huit lieues de Moscou, à gauche de la grande route, le 23 septembre . . . . . . . . . . . . . . . . . . . . . . 187
LXIV. Moscou, le 24 septembre . . . . . . . . . . . . . . . . . 191
LXV. La garde du parc d'artillerie du 3e corps d'armée, près la barrière de Wladimer, à Moscou, le 2 octobre . . . . . 197
LXVI. L'Église de l'ancien culte, à Moscou, le 3 octobre . . . . . 201
LXVII. Couvent de Ssimonow, à Moscou, le 7 octobre . . . . . . . 205
LXVIII. Moscou, le 8 octobre . . . . . . . . . . . . . . . . . . 207
LXIX. Moscou, le 8 octobre . . . . . . . . . . . . . . . . . . 211
LXX. Dans le voisinage de Lafertowskaja Sloboda, à Moscou, le 11 octobre . . . . . . . . . . . . . . . . . . . . . . 215
LXXI. Moscou, le 12 octobre . . . . . . . . . . . . . . . . . . 217
LXXII. Dans le jardin d'été ou jardin impérial de Moscou, le 16 octobre . . . . . . . . . . . . . . . . . . . . . . 219
LXXIII. Dans le Kremlin, à Moscou, le 17 octobre . . . . . . . . . 221
LXXIV. A Moscou, le 18 octobre . . . . . . . . . . . . . . . . . 225
LXXV. A la porte de Kalouga, à Moscou, le 19 octobre . . . . . . 227
LXXVI. Sur la route de Moscou à Kalouga, près de Bykassowo, le 23 octobre . . . . . . . . . . . . . . . . . . . . . . 231
LXXVII. Devant Borowsk, le 26 octobre . . . . . . . . . . . . . 235
LXXVIII. Entre Dorogobush et Mikalewka, le 7 novembre . . . . . . 239
LXXIX. Bivouac, près de Mikalewka, le 7 novembre . . . . . . 243
LXXX. Près la route, non loin de Pnéwa, le 8 novembre . . . . . 247
LXXXI. Dans le faubourg de Smolensk, à la rive droite du Borysthène, le 12 novembre . . . . . . . . . . . . . . . . . 251
LXXXII. Bivouac dans Smolensk, le 13 novembre . . . . . . . . . 253
LXXXIII. Entre Korythnia et Krasnoï, le 15 novembre . . . . . . . 257
LXXXIV. Bivouac de Krasnoï, le 16 novembre . . . . . . . . . . 261
LXXXV. Aux environs de Bobr, le 23 novembre . . . . . . . . . . 265
LXXXVI. Bivouac de Studzianka, le 26 novembre . . . . . . . . . 269
LXXXVII. Sur la rive droite de la Bérésina, le 27 novembre . . . . . 273
LXXXVIII. Bivouac sur la rive droite de la Bérésina, le 27 novembre . 277
LXXXIX. Passage de la Bérésina, le 28 novembre . . . . . . . . . 281
XC. Entre Pleszénitzy et Smorgoni, le 2 décembre . . . . . . 287
XCI. Aux environs de Smorgoni, le 3 décembre . . . . . . . . 289
XCII. Aux environs d'Oschmaemy, le 4 décembre . . . . . . . . 293
XCIII. Le café Lichtenstein, le 7 décembre . . . . . . . . . . . 297
XCIV. Près d'Ève, le 11 décembre . . . . . . . . . . . . . . . 301
XCV. Entre Braunsberg et Elbing, le 21 décembre . . . . . . 307
État sommaire des corps faisant partie de la Grande Armée française, dirigée contre la Russie depuis le 1er mars jusqu'au 1er septembre 1812. 309

IMPRIMERIE E. FLAMMARION, 26, RUE RACINE, PARIS.

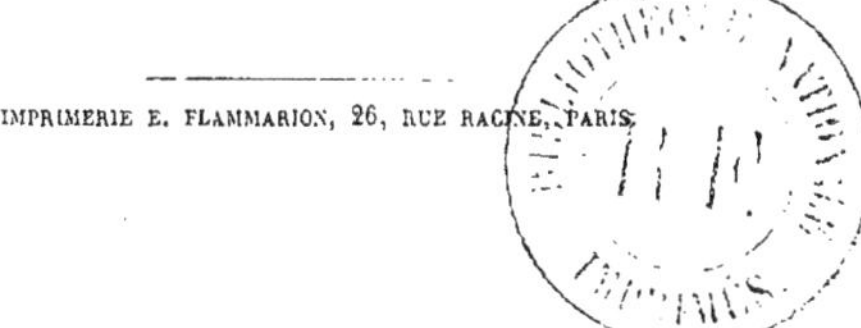

IMPRIMERIE E. FLAMMARION, 26, RUE RACINE, PARIS.

www.ingramcontent.com/pod-product-compliance
Ingram Content Group UK Ltd.
Pitfield, Milton Keynes, MK11 3LW, UK
UKHW012006240726
13965UKWH00001B/196

9 782012 879782